재봉틀로 쉽게 만드는
# 블라우스, 스커트 & 팬츠 스타일 북

노나카 게이코 · 스기야마 요코 지음 | 이은정 옮김 | 크래프트하우스 감수

한스미디어

# contents

단품 패션 아이템은 개성적인 코디감각을 발휘할 수 있어 좋습니다. 하지만 시중에 아무리 다양한 제품이 판매되고 있다고 해도 디자인이나 소재에 불만을 느끼는 사람도 적지 않습니다. 그래서 가지고 있는 옷과 맞춰 입기 편하고 자신만의 개성도 잘 표현할 수 있는 단품 패션 아이템인 블라우스, 스커트, 바지를 집중적으로 소개합니다. 같은 디자인이라도 소재를 달리하면 세상의 단 하나밖에 없는 '나만의 옷'이 되고, 소재 특성에 따라 다양하게 연출이 가능합니다. 이 한 권으로 "그 블라우스 어디 거야?" "그 옷 어디서 샀어?"라는 주변의 질문 공세에 행복한 비명을 지를지도 몰라요.

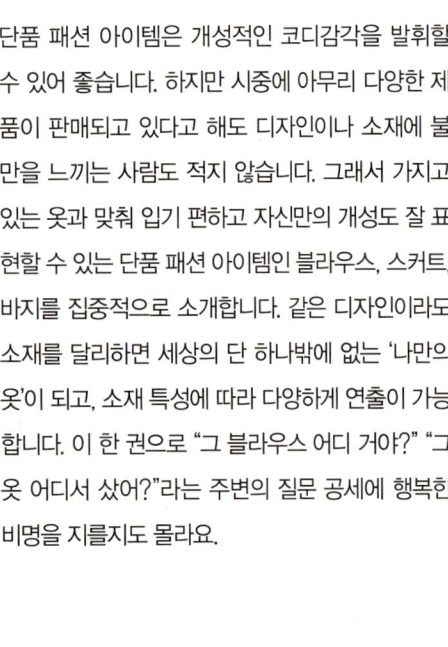

**Style 1**
ROLL COLLAR BLOUSE
롤 칼라 블라우스
04

**Style 2**
SHIRT COLLAR BLOUSE
셔츠 칼라 블라우스
10

**Style 7**
TIGHT SKIRT
타이트 스커트
04

**Style 8**
WRAPPED SKIRT
랩 스커트
10

| Style 3 | Style 4 | Style 5 | Style 6 |
|---|---|---|---|
| A-LINE BLOUSE | PONCHO BLOUSE | HEMLINE RIB BLOUSE | VEST BLOUSE |
| A라인 블라우스 | 판초 블라우스 | 헴라인 리브 블라우스 | 베스트 블라우스 |
| 16 | 22 | 28 | 34 |

| Style 9 | Style 10 | Style 11 | Style 12 |
|---|---|---|---|
| GATHER SKIRT | WIDE PANTS | TIGHT STRAIGHT PANTS | SLIM PANTS |
| 주름 스커트 | 와이드 팬츠 | 타이트 스트레이트 팬츠 | 슬림 팬츠 |
| 16 | 22 | 28 | 34 |

**How to make**

40

## Style 1
### 롤 칼라 블라우스

앞뒤 몸판의 허리 부분에 다트를 넣어 몸에 딱 맞춥니다. 뒤에 트임을 만들면 가슴 부분이 벌어지지 않습니다. 세트인 슬리브와 롤 칼라로 정결한 분위기를 연출할 수 있는 블라우스입니다.

+

## Style 7
### 타이트 스커트

허리에서 치맛자락까지 몸의 라인에 맞춘 타이트한 스커트입니다. 걷기 편하도록 벤트와 플리츠를 넣었습니다. 스커트 길이가 약간 짧은 것이 특징입니다.

기본

응용 1

롤 칼라 블라우스 + 타이트 스커트

기본

## Style 1 * 롤 칼라 블라우스

뒤트임은 몸판에서 이어지는 안단으로 처리합니다. 세트 인 슬리브의 긴 소매는 소매단에 트임을 하고 커프스를 답니다. 롤 칼라를 약간 세우고 따로 재단한 리본을 묶어서 포인트를 줍니다.

How to make ⇨ 42쪽

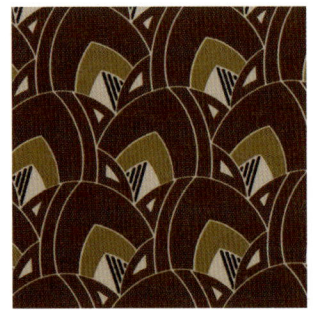

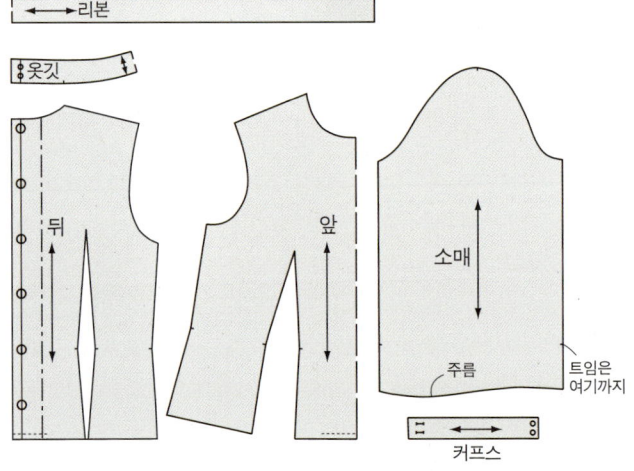

## Style 7 * 타이트 스커트

아주 살짝 로 웨이스트로 하고 다트를 넣습니다. 옆선은 엉덩이 라인에서 수직으로 떨어뜨립니다. 뒤 중심 치맛자락에 벤트를 잡은 기본 스타일의 타이트 스커트입니다.

How to make ⇨ 66쪽

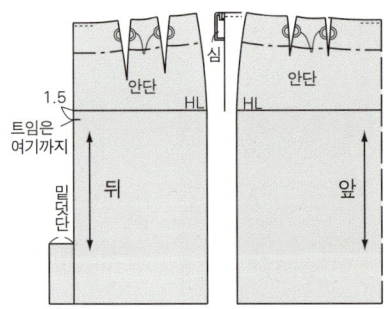

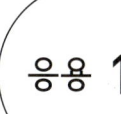

## Style 1 * 롤 칼라 블라우스

앞 중심에 섬세한 핀턱을 잡습니다.
● **패턴 응용**
앞 중심에 핀턱분을 자르고 벌려서 패턴을 만듭니다.
**How to make** ⇨ 43쪽

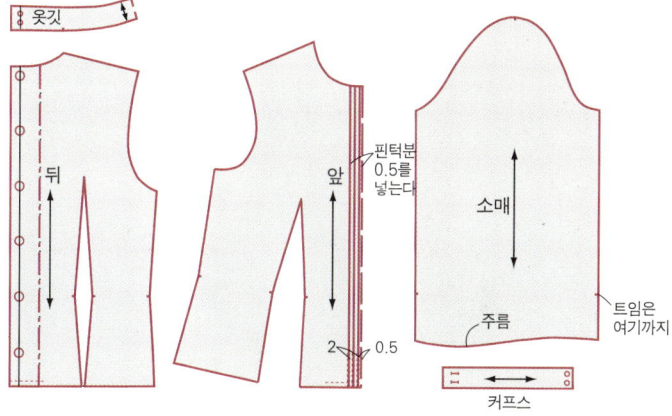

## Style 7 * 타이트 스커트

허리 다트가 없는 패턴 6장을 이어서 만든 고어드 스커트입니다. 앞 스커트 양옆으로 페이크 포켓을 만들어 포인트를 줍니다.
● **패턴 응용**
허리부터 절개선을 넣어서 다트분을 확보합니다. 절개선의 치맛자락을 교차시켜서 옆선을 더 냅니다.
**How to make** ⇨ 67쪽

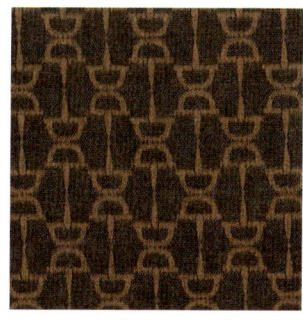

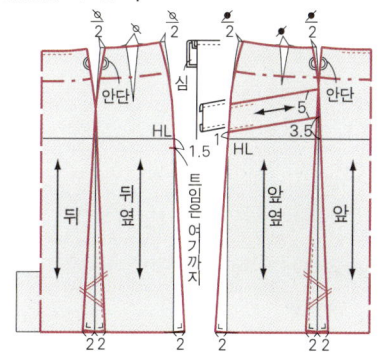

응용 2

## Style 1 * 롤 칼라 블라우스

가슴 부분에 바대를 댑니다. 레이스 천으로 하면 정장으로도 연출할 수 있는 디자인입니다.

● 패턴 응용

몸판 어깨에서 다트가 끝나는 부분을 향한 선과 진동둘레 아래 선을 이어서 바대를 만듭니다.

How to make ⇨ 44쪽

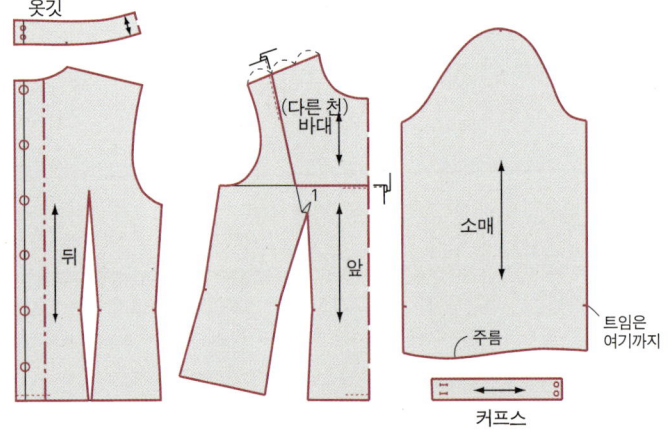

## Style 7 * 타이트 스커트

스커트의 양 옆에 주름을 잡은 디자인입니다.

● 패턴 응용

응용1의 절개선 위치에서 자르고 벌려, 주름분을 넣습니다.

How to make ⇨ 68쪽

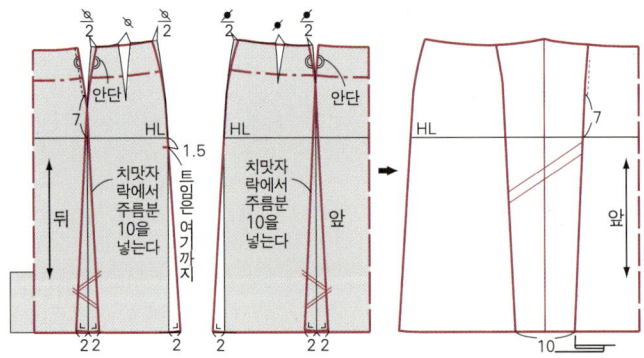

○ 응용 3

## Style 1 * 롤 칼라 블라우스

몸판 허리에 끈을 달아서 옷맵시를 강조합니다.

● 패턴 응용

소매 길이를 자르고 커프스의 폭을 추가합니다. 끈은 천에 직접 재단합니다.

How to make ⇨ 45쪽

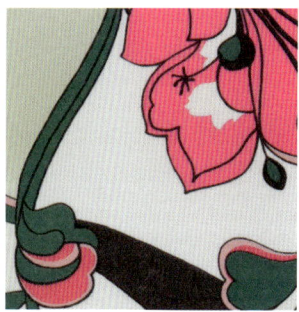

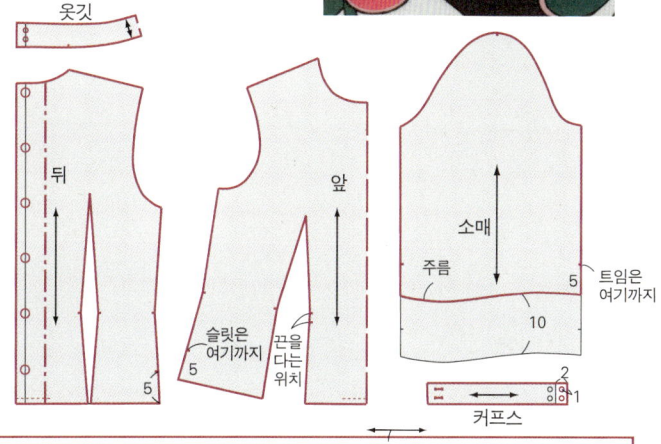

## Style 7 * 타이트 스커트

치맛자락을 절개해서 스티치로 장식한 디자인입니다.

● 패턴 응용

응용1의 치맛자락을 더 절개하고 중심과 옆을 붙여서 치맛자락의 패턴을 만듭니다.

How to make ⇨ 69쪽

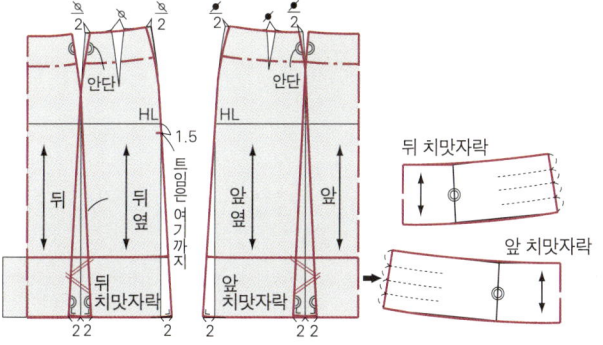

## Style 2
### 셔츠 칼라 블라우스

허리에 다트를 넣어 몸의 라인에 딱 맞추고 우아한 실루엣의 깃고대가 달린 셔츠 칼라 블라우스입니다. 소재와 부분 디자인을 다양하게 변화시킬 수 있습니다.

+

## Style 8
### 랩 스커트

앞에서 많이 겹쳐 단추로 고정하는 기본 스타일 랩 스커트입니다. 랩 스커트라고 하면 캐주얼한 느낌이 들지만 전체적으로 타이트한 실루엣에 어른스러운 분위기가 납니다.

기본

응용 1

셔츠 칼라 블라우스 + 랩 스커트

기본

### Style 2 * 셔츠 칼라 블라우스

어깨 바대, 소맷부리는 직사각형 트임 커프스로, 앞단을 덧단으로 정리한 기본 스타일 셔츠 블라우스입니다.

How to make ⇨ 46쪽

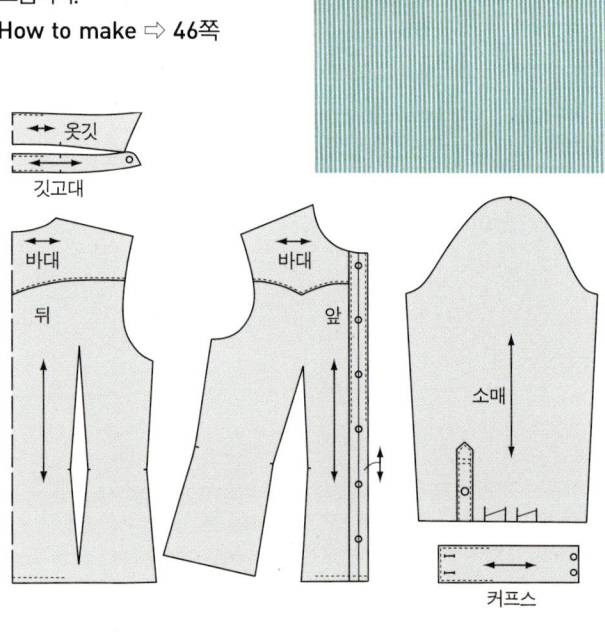

### Style 8 * 랩 스커트

허리에 다트를 넣고 옆선을 엉덩이 선에서 수직으로 떨어뜨린, 타이트한 실루엣입니다. 앞은 좌우로 같은 패턴을 겹쳐서 버튼으로 고정합니다.

How to make ⇨ 70쪽

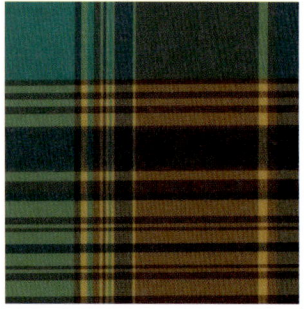

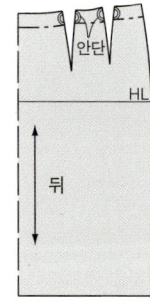
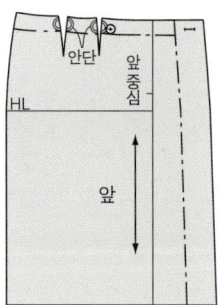

응용 1

## Style 2 * 셔츠 칼라 블라우스

몸판의 바대를 없애고 덧단과 소맷부리에 프릴을 단 디자인입니다.

● 패턴 응용

몸판의 프릴과 소맷부리의 프릴 패턴이 부록으로 제공됩니다.

How to make ⇨ 47쪽

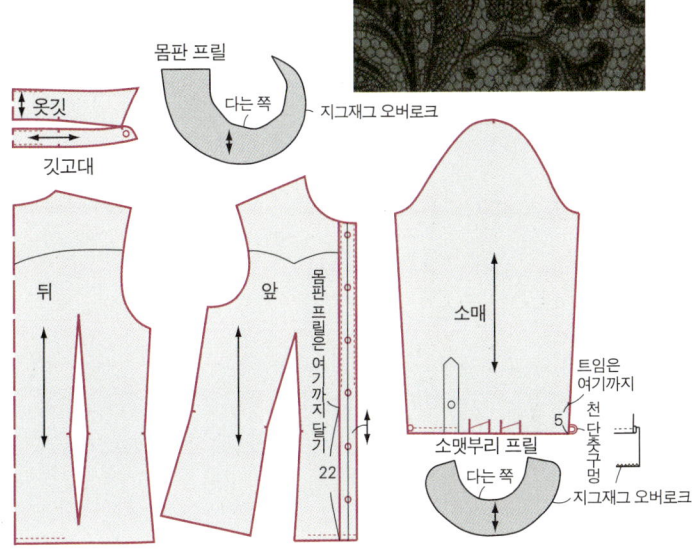

## Style 8 * 랩 스커트

● 패턴 응용

오른쪽 앞단에서 리본 부분을 제도합니다. 왼쪽 앞에 다는 벨트를 제도합니다.

How to make ⇨ 71쪽

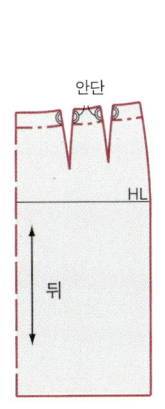
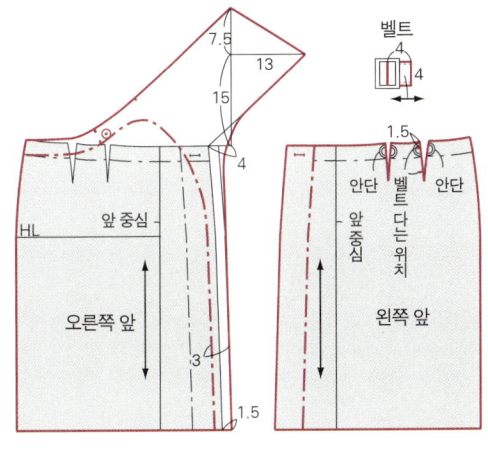

응용 2

## Style 2 ✱ 셔츠 칼라 블라우스

어깨 바대를 다른 천으로 대고 진동둘레에 프릴을 2장 겹친 블라우스입니다.

● 패턴 응용

진동둘레의 옆을 올리고 안단을 달고 노 슬리브로 합니다. 소매의 프릴 패턴이 부록으로 제공됩니다.

How to make ⇨ 48쪽

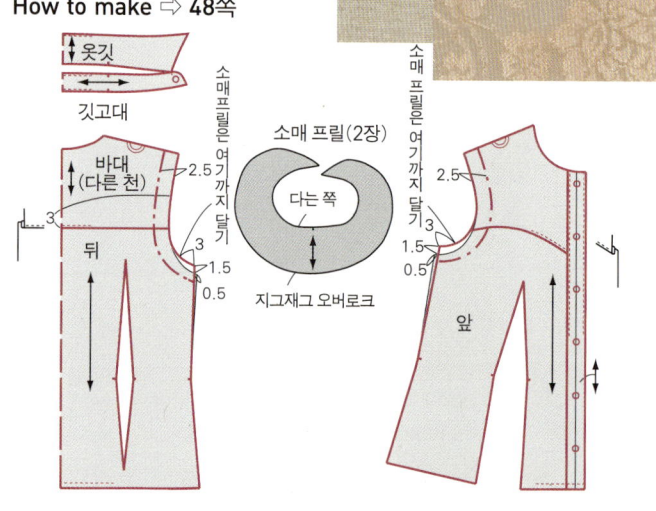

## Style 8 ✱ 랩 스커트

앞단에 새시 벨트를 달고 안자락을 휘감아 리본으로 묶습니다.

● 패턴 응용

새시 벨트를 제도합니다.

How to make ⇨ 72쪽

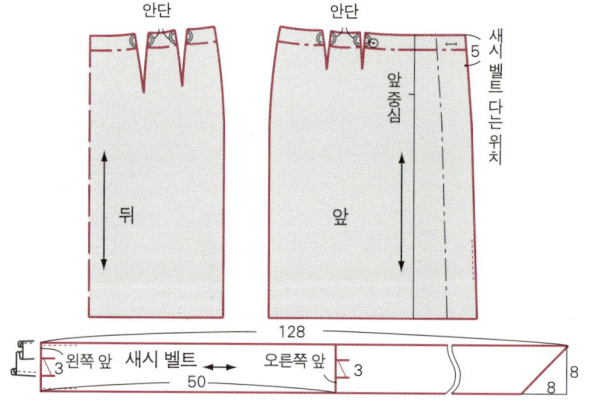

응용 3

## Style 2 * 셔츠 칼라 블라우스

가슴 부위의 바대를 다른 천으로 댄 반소매 퍼프 슬리브 블라우스 입니다.

● **패턴 응용**

앞 몸판에는 바대선을 긋습니다. 소매는 주름분을 더하고 커프스를 다시 고칩니다.

How to make ⇨ 49쪽

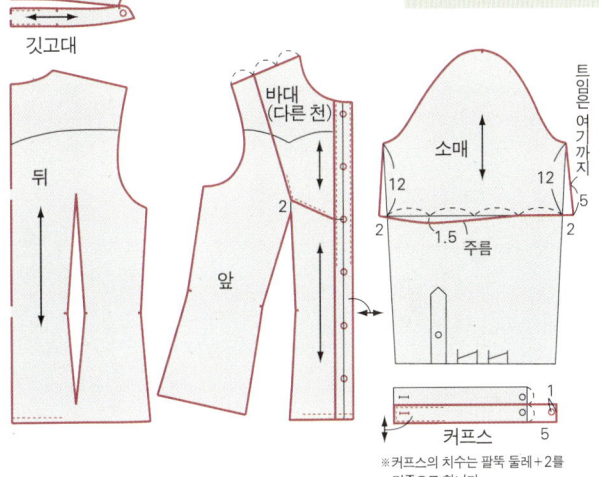

## Style 8 * 랩 스커트

폭이 넓은 허리 바대를 대서 세미 타이트 라인으로 합니다.

● **패턴 응용**

다트분을 바대로 처리하고 옆선에도 여유분을 추가합니다. 뒷주머니를 제도합니다.

How to make ⇨ 73쪽

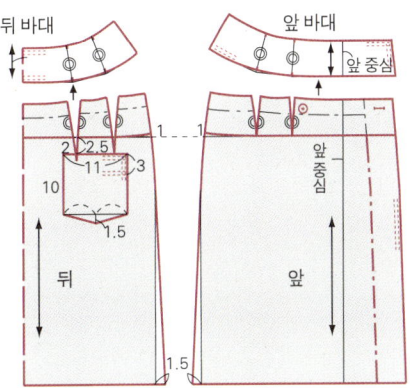

## Style 3
### A라인 블라우스

옆선이 소매단에서 옷자락을 향해서 퍼지는 A라인 블라우스입니다. 트임이 없는 넉넉한 실루엣은 오버 블라우스로 편하게 입을 수 있습니다.

+

## Style 9
### 주름 스커트

허리에 고무를 끼운 기본 스타일의 주름 스커트입니다. 주름은 소재에 따라 다양한 볼륨감을 연출할 수 있습니다.

기본

응용 1

기본

### Style 3 * A 라인 블라우스

앞을 바대 절개한 A라인 블라우스입니다. 소맷부리에 보강천을 대고 고무테이프를 끼워 주름을 잡은 귀여운 디자인입니다.

**How to make** ⇨ 50쪽

### Style 9 * 주름 스커트

A라인으로 퍼지는 패턴으로 허리 부분을 약간 둥글게 해서 옆선이 올라가지 않도록 합니다.

**How to make** ⇨ 74쪽

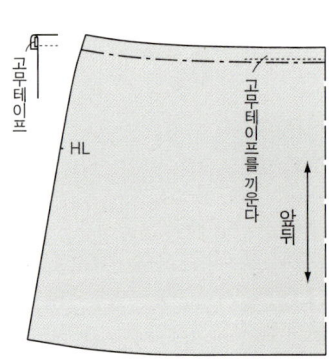

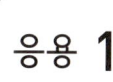
응용 1

## Style 3 ✻ A 라인 블라우스

네크라인선을 약간 크게 하고 프릴 칼라와 벨 슬리브, 허리의 리본 등이 들어가는 화려한 디자인입니다.

● **패턴 응용**

네크라인을 라운드로 다시 고칩니다. 소맷마루 부분을 가늘게 잘라서 벌립니다. 프릴과 리본, 커프스를 제도합니다.

How to make ⇨ 51쪽

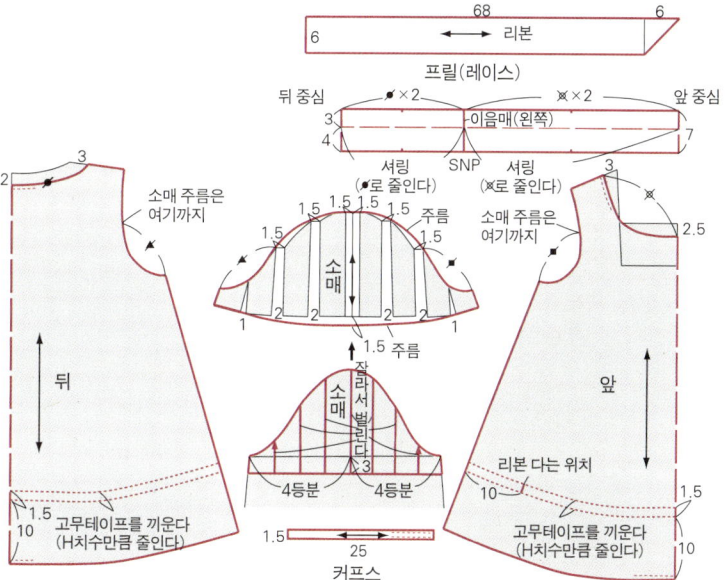

## Style 9 ✻ 주름 스커트

3단으로 절개해 주름을 잡은 티어드 스커트입니다.

● **패턴 응용**

상단의 허리 부분은 엉덩이선을 고려한 치수로, 가운데와 하단에는 주름분 1.5배가 들어가도록 다시 재단합니다.

How to make ⇨ 75쪽

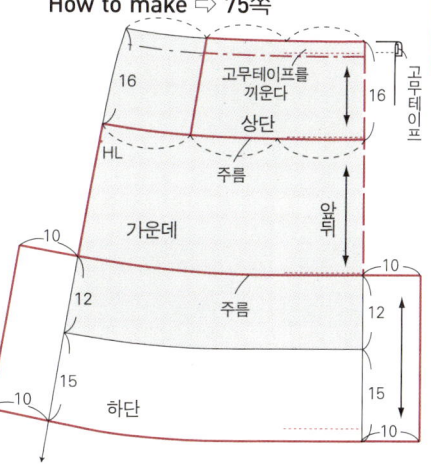

응용 2

## Style 3 ✻ A 라인 블라우스

라운드 네크라인 가슴 부분에 셔링을 잡은 장식천을 댄 디자인입니다.

● 패턴 응용

장식천과 소매는 원래 패턴에서 각각 셔링분과 플레어분을 잡은 다음 다시 그립니다.

**How to make** ⇨ 52쪽

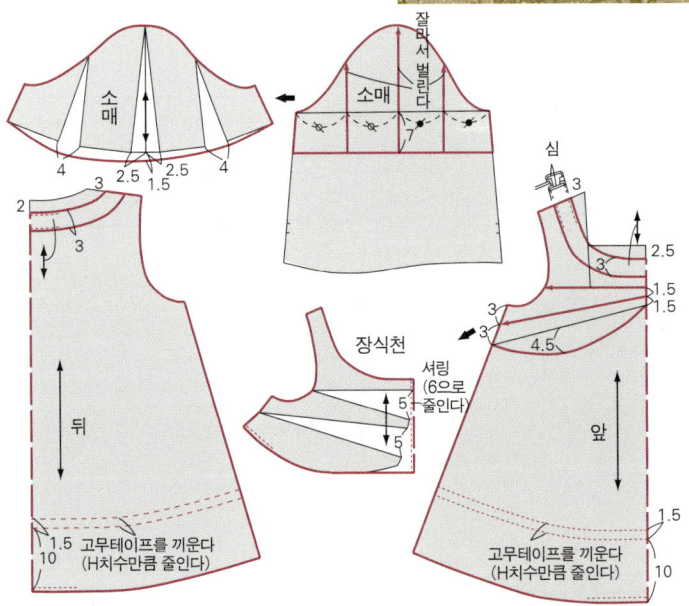

## Style 9 ✻ 주름 스커트

겉과 안의 옆선을 맞추지 않고 약간 비틀어서 박은 벌룬 스커트입니다.

● 패턴 응용

치맛자락이 접혀 들어가는 분을 추가해서 안감선을 그립니다. 겉자락과 안자락에 맞춤 표시를 해 둡니다.

**How to make** ⇨ 76쪽

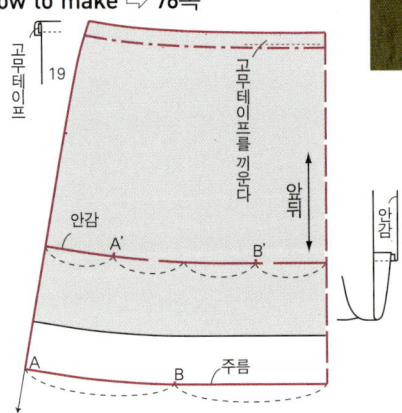

○ 응용 3

## Style 3 ＊ A 라인 블라우스

2장을 겹친 플레어 슬리브로 옷자락에도 프릴을 답니다.

● 패턴 응용

소매와 옷자락의 프릴은 원래 패턴을 기본으로 각각 플레어분과 프릴분을 잡은 다음 다시 그립니다.

How to make ⇨ 53쪽

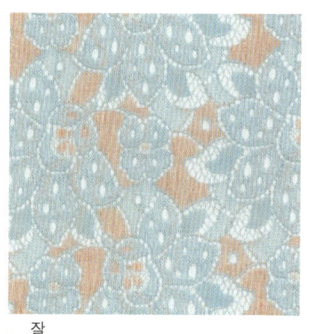

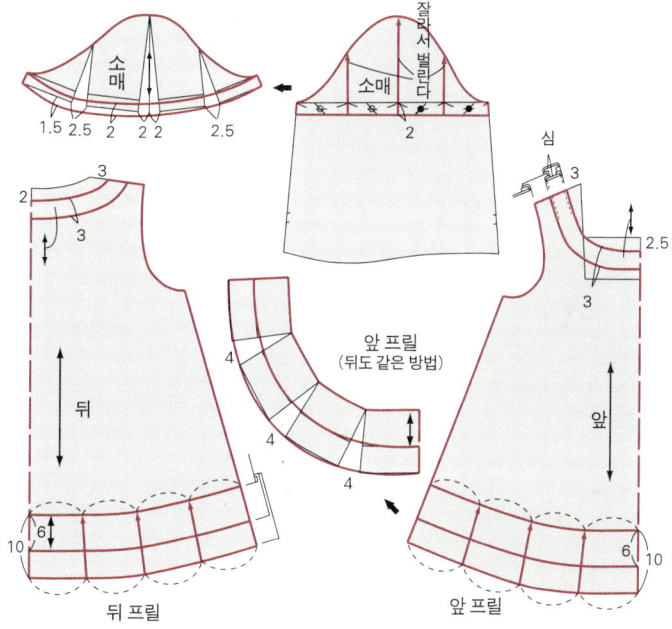

## Style 9 ＊ 주름 스커트

치맛자락에 끈을 끼워 묶은 벌룬 스타일의 디자인입니다.

● 패턴 응용

끈은 천에 직접 재단합니다.

How to make ⇨ 77쪽

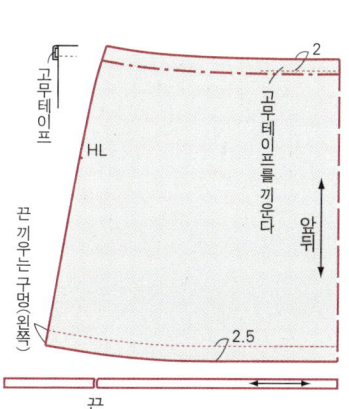

## Style 4
### 판초 블라우스

평면적인 패턴으로, 몸을 여유 있게 감싸는 스타일의 블라우스입니다. 어깨를 기점으로 한 플레어 슬리브가 에스닉한 분위기를 연출합니다. 어깨 라인을 바꾸면 분위기도 달라집니다.

＋

## Style 10
### 와이드 팬츠

체형을 커버하며 엉덩이의 여유분을 그대로 바지자락까지 가지고 가는 통이 넓은 바지입니다. 짧은 상의와 코디를 하면 허리선이 올라가서 다리가 길어 보입니다.

기본

응용 1

기본

### Style 4 * 판초 블라우스

앞뒤로 로 웨이스트 위치에 고무 셔링을 잡은 블라우징 디자인으로 앞뒤 네크라인과 몸판의 주위는 천 안쪽 면을 겉으로 사용합니다.

How to make ⇨ 54쪽

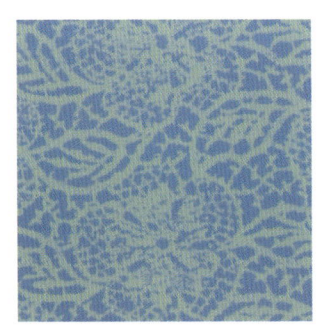

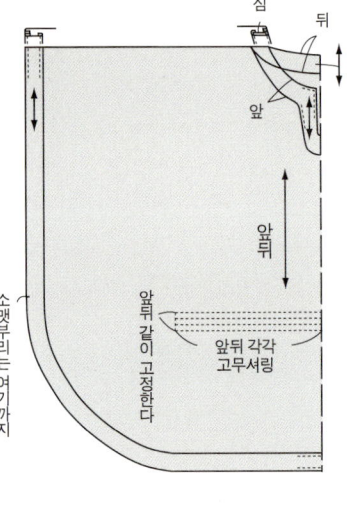

### Style 10 * 와이드 팬츠

뒤 허리에는 다트가, 앞 허리에는 턱이 있는 품이 넉넉한 바지입니다.

How to make ⇨ 78쪽

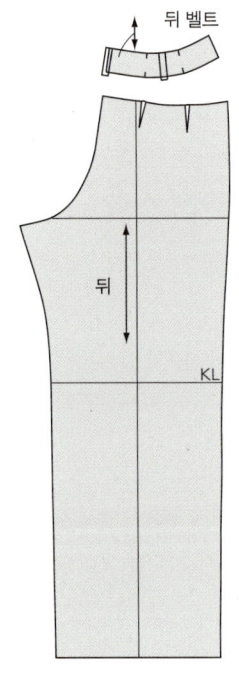
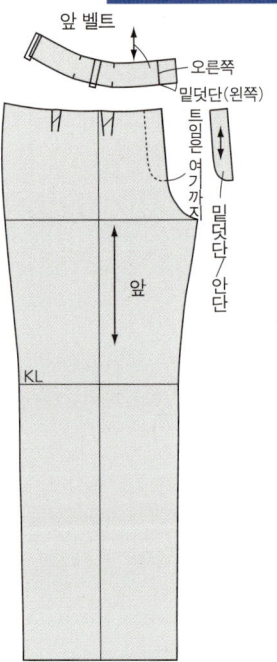

**응용 1**

## Style 4 * 판초 블라우스

보더 무늬를 잘 이용한 디자인으로 어깨의 바늘땀이 겉으로 보이도록 처리합니다.

● 패턴 응용

보강천을 제도합니다. 끈은 천에 직접 재단합니다.

How to make ⇨ 55쪽

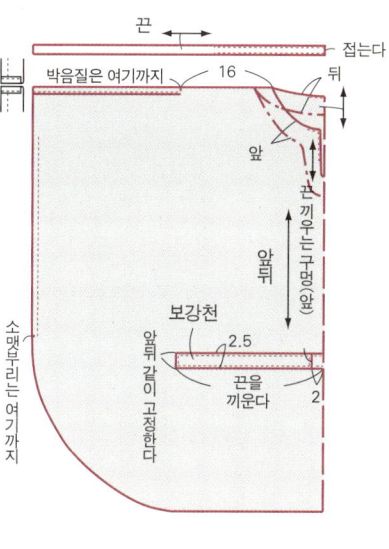

## Style 10 * 와이드 팬츠

무릎 아래 길이로 자르고 옆에는 패치 주머니를 단 스포티한 카고 팬츠입니다.

● 패턴 응용

바지 길이는 무릎 아래에서 자르고 엉덩이에서 옆선을 수직으로 떨어뜨려서 바지의 품을 넉넉하게 잡습니다. 주머니는 제도합니다.

How to make ⇨ 79쪽

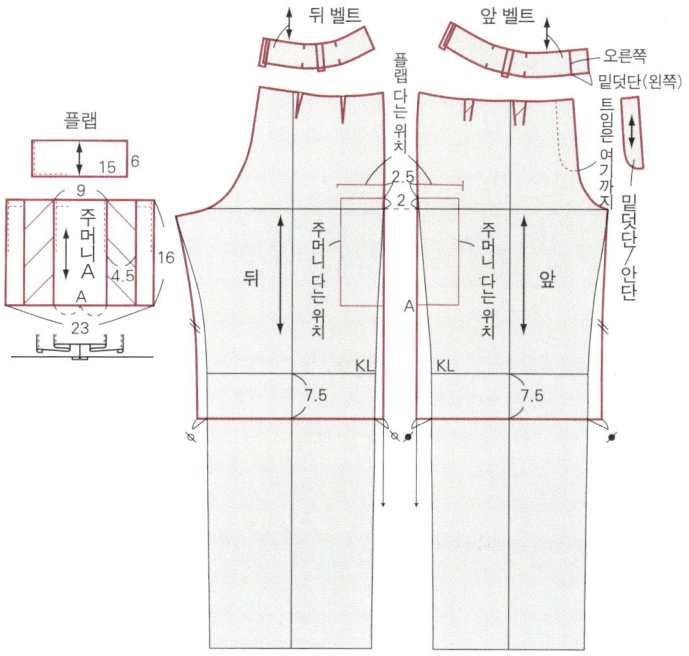

## 응용 2

### Style 4 * 판초 블라우스

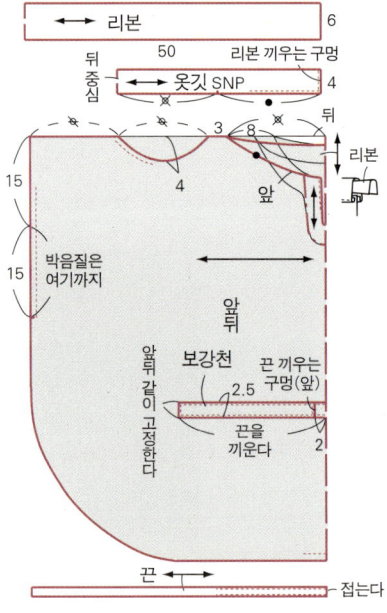

네크라인에 스탠드 칼라 스타일의 옷깃을 달고 리본을 끼웁니다. 둥글게 판 어깨가 포인트입니다.

● 패턴 응용

네크라인과 어깨를 크게 자릅니다. 옷깃과 리본은 제도하고 끈은 천에 직접 재단합니다.

How to make ⇨ 56쪽

### Style 10 * 와이드 팬츠

허리에 고무를 끼워 품이 넉넉한 바지입니다.

● 패턴 응용

앞뒤 옆에서 수직으로 올리고 밑위길이를 추가합니다.

How to make ⇨ 80쪽

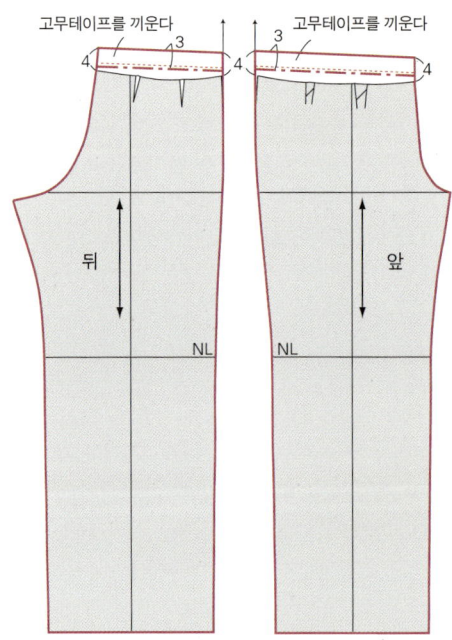

응용 3

## Style 4 ＊ 판초 블라우스

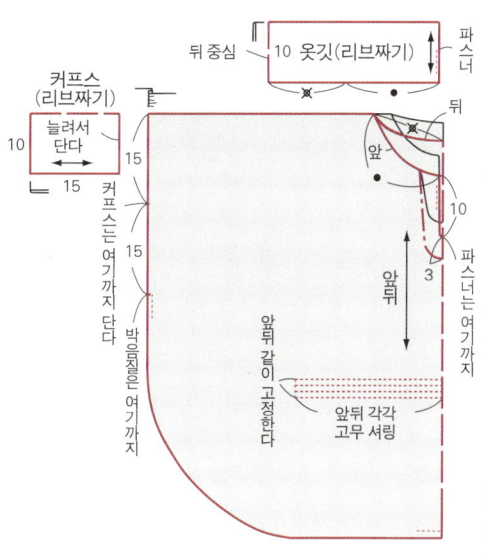

네크라인과 소맷부리에 리브짜기를 단 디자인으로 분위기가 180도 달라집니다.

● 패턴 응용

옷깃과 커프스의 리브짜기를 제도합니다. 커프스의 리브짜기는 늘려서 달기 때문에 다는 치수보다 작게 제도를 합니다.

How to make ⇨ 57쪽

## Style 10 ＊ 와이드 팬츠

무릎 아래 길이로 자른 다음 바지자락에 리브짜기를 단 니커보커스 스타일의 디자인입니다.

● 패턴 응용

패턴 응용은 응용1과 같습니다. 바지자락 커프스의 리브짜기는 늘려서 달기 때문에 다는 치수보다 작게 제도를 합니다.

How to make ⇨ 81쪽

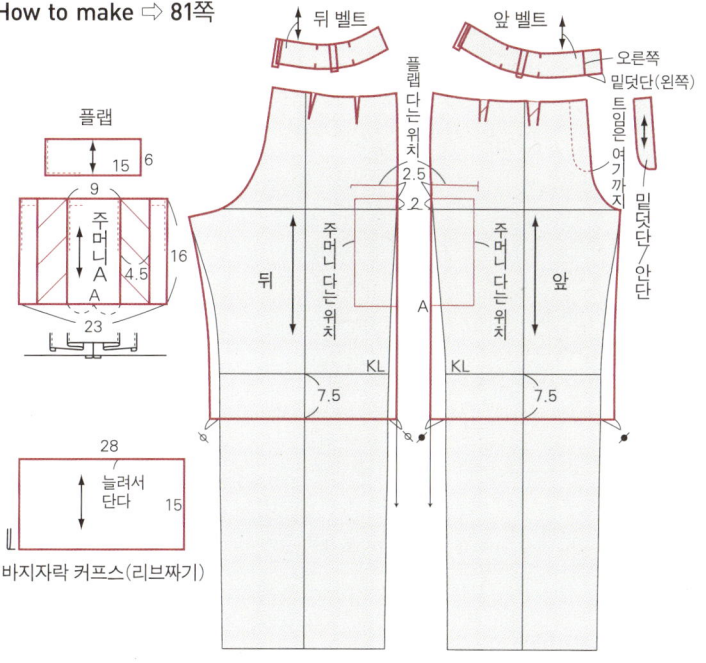

Style 5

## 헴라인 리브 블라우스

가슴 부분을 시원하게 사각형으로 커팅해서 쇄골을 아름답게 보여 주는 스퀘어 네크라인 블라우스로 소매를 없애면 이너웨어로도 활용할 수 있습니다.

+

Style 11

## 타이트 스트레이트 팬츠

다리의 품이 전체적으로 적당히 여유가 있으며 어떤 상의에도 어울리고 다양하게 응용할 수 있는 기본 실루엣입니다. 길이에 변화를 주면 1년 내내 입을 수 있습니다.

기본

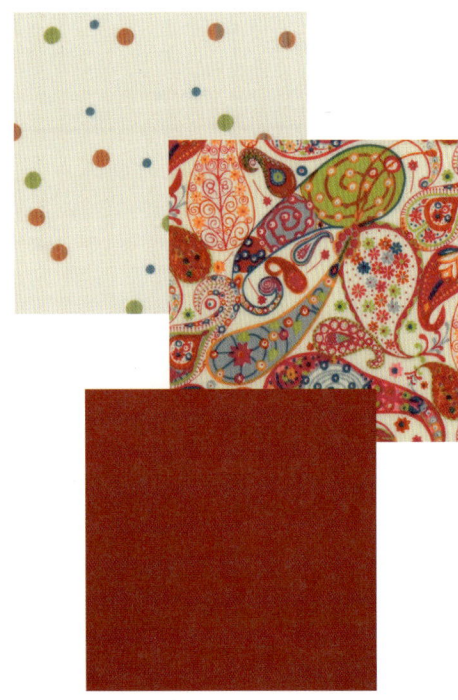

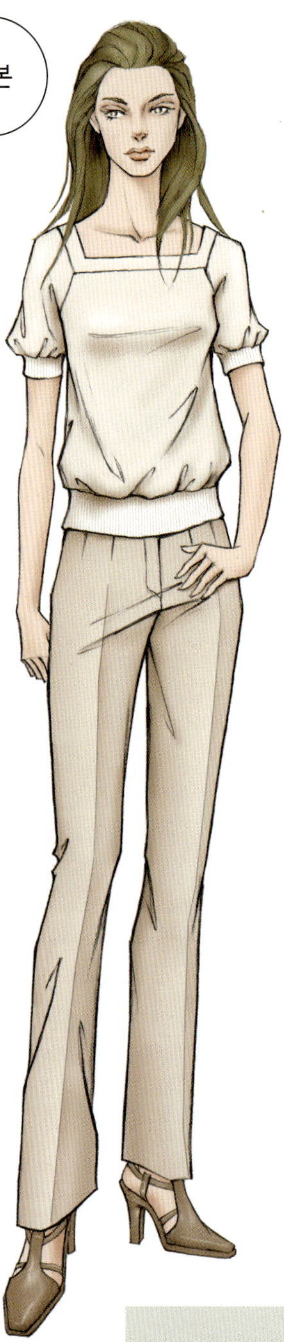

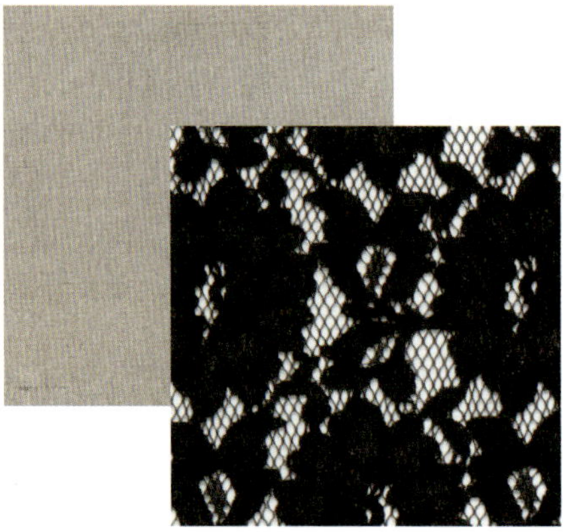

응용 1

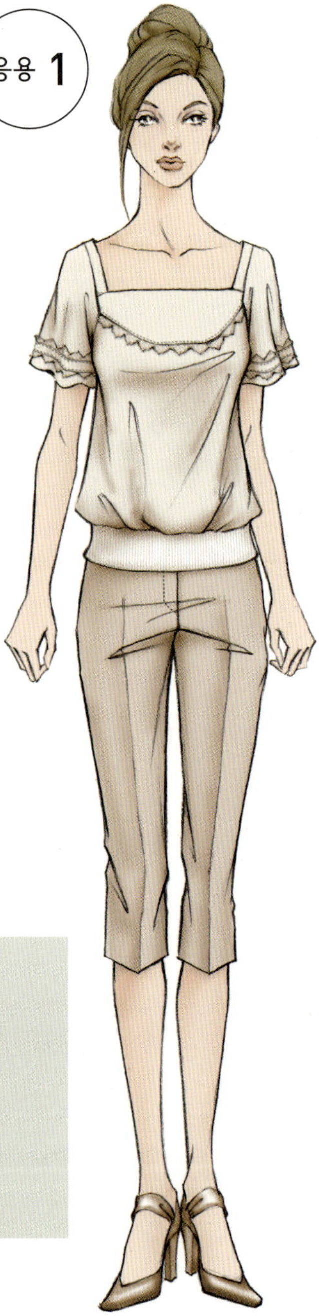

헴라인 리브 블라우스 + 타이트 스트레이트 팬츠

기본

### Style 5 * 헴라인 리브 블라우스

앞뒤 네크라인은 절개하고 반소매의 소맷부리에 주름분을 넣어서 리브짜기를 단 퍼프 슬리브입니다. 아래로 퍼지는 라인이지만 옷자락에 리브짜기를 달아 허리를 강조한 디자인입니다.

How to make ⇨ 58쪽

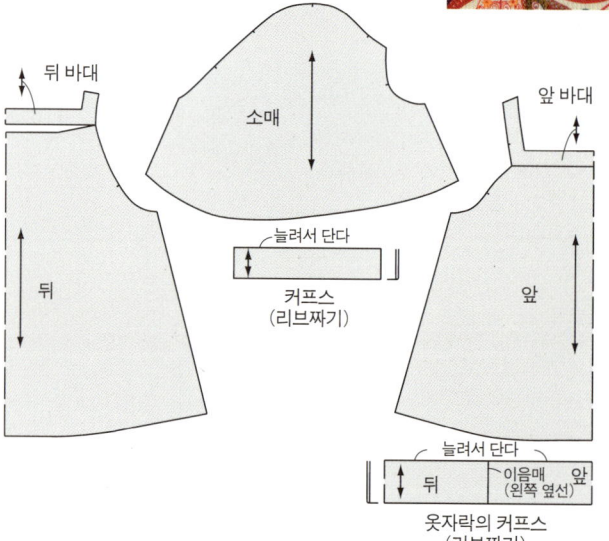

### Style 11 * 타이트 스트레이트 팬츠

앞뒤로 허리 다트를 넣었으며 엉덩이에서 바지자락까지 스트레이트로 떨어지는 기본 스타일의 타이트 스트레이트 팬츠입니다.

How to make ⇨ 82쪽

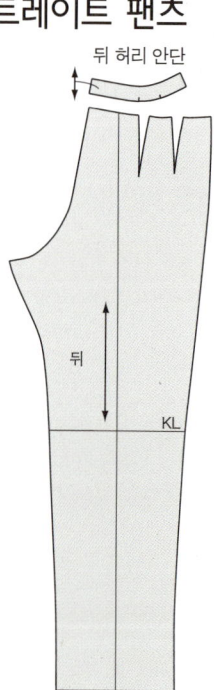

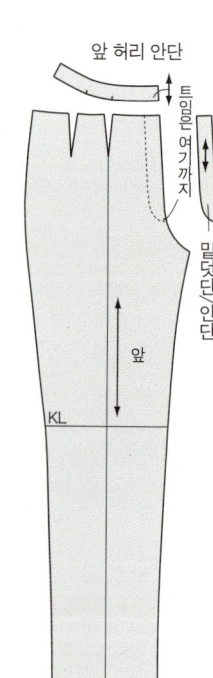

응용 1

## Style 5 * 헴라인 리브 블라우스

앞뒤 네크라인을 바대 절개하고, 커프스가 없는 플레어 슬리브 디자인에 레이스를 달아서 여성스러운 분위기를 연출합니다.

● **패턴 응용**

네크라인은 어깨에서 자르고 앞에는 U자형 바대 절개선을 넣습니다.

How to make ⇨ 59쪽

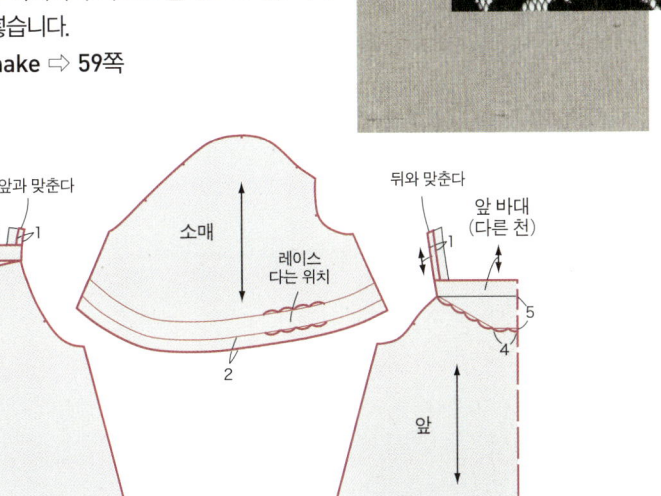

## Style 11 * 타이트 스트레이트 팬츠

바지 길이를 자르고 양옆에 슬릿을 넣은 7부 길이의 크롭트 팬츠입니다.

● **패턴 응용**

바지 길이는 무릎 아래로 하고 옆선에 슬릿을 넣습니다.

How to make ⇨ 83쪽

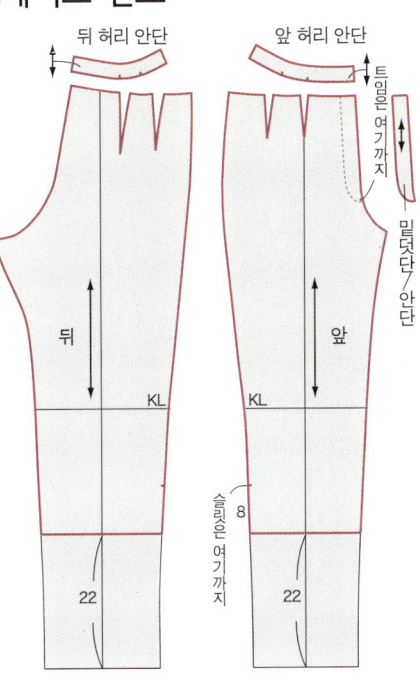

응용 2

### Style 5 * 헴라인 리브 블라우스

앞뒤 바대를 없애고 상단을 가늘게 처리합니다. 어깨 끈을 묶는 캐미솔 스타일입니다.

● 패턴 응용

상단 절개 부분과 어깨끈을 제도합니다. 앞 레이스는 몸판에 겹쳐서 붙이므로 절개하지 않습니다.

How to make ⇨ 60쪽

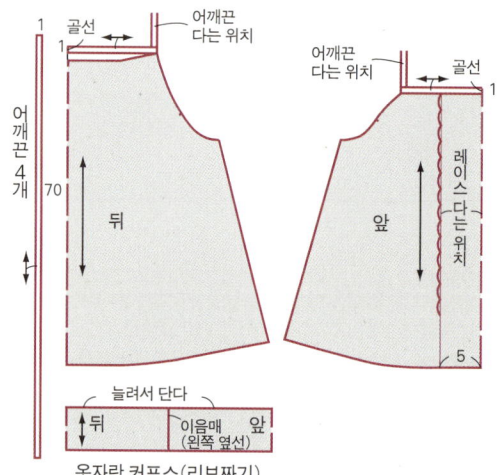

### Style 11 * 타이트 스트레이트 팬츠

바지자락을 두 번 접기 한 쇼트 팬츠입니다.

● 패턴 응용

바지 길이는 무릎 위로 하고 단 접는 폭을 평행하게 재단합니다.

How to make ⇨ 84쪽

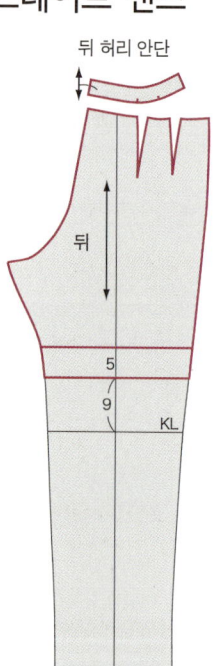

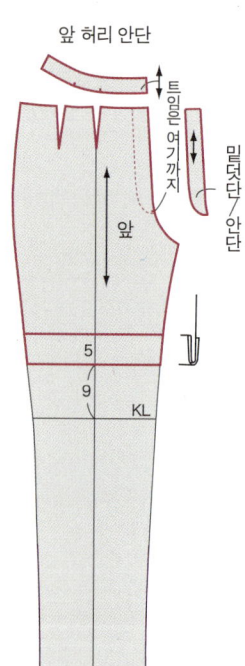

## 응용 3

### Style 5 * 헴라인 리브 블라우스

앞뒤 바대를 없애고 주름이 있는 어깨천을 대고 앞 중심에는 핀턱을 넣은 디자인입니다.

● **패턴 응용**

어깨천은 소매의 패턴을 사용하여 제도합니다.

**How to make ⇨ 61쪽**

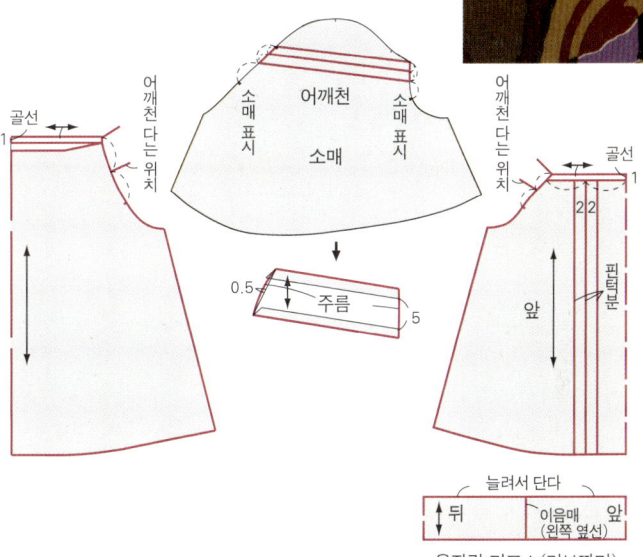

### Style 11 * 타이트 스트레이트 팬츠

무릎 아래 길이로 바지자락에 단추를 달아 고정하는 니커보커스입니다.

● **패턴 응용**

바지자락 커프스를 제도합니다. 커프스 치수는 종아리 치수에 여유분을 더해서 정합니다.

**How to make ⇨ 85쪽**

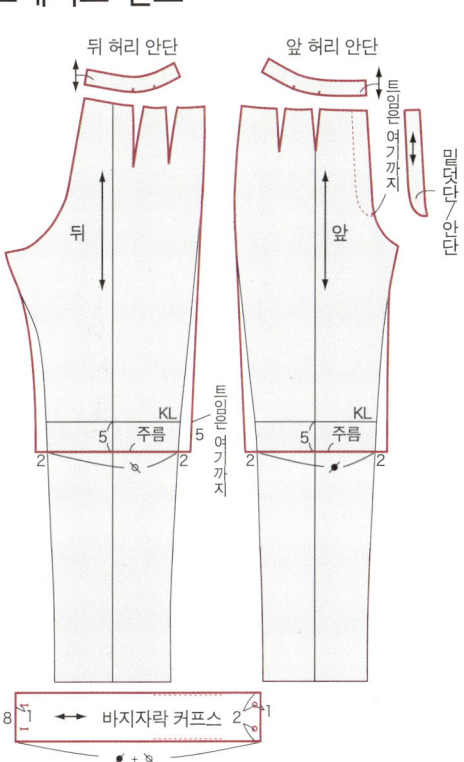

## Style 6
### 베스트 블라우스

허리 부분에서 가늘고 긴 실루엣을 강조하고 볼륨감을 줄인 블라우스로 베스트로도 활용할 수 있는 아이템입니다. 앞 몸판에 주름과 플레어를 넣으면 부드러운 인상을 줍니다.

+

## Style 12
### 슬림 팬츠

다리에 딱 붙는 캐주얼한 느낌의 슬림한 바지입니다. 옆으로 잘 늘어나는 신축성 소재를 사용하면 움직이기도 쉽고 기능성도 좋습니다.

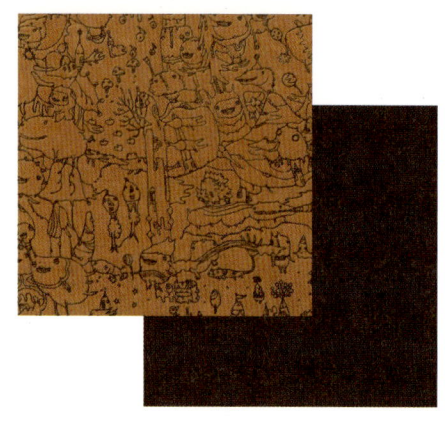

기본
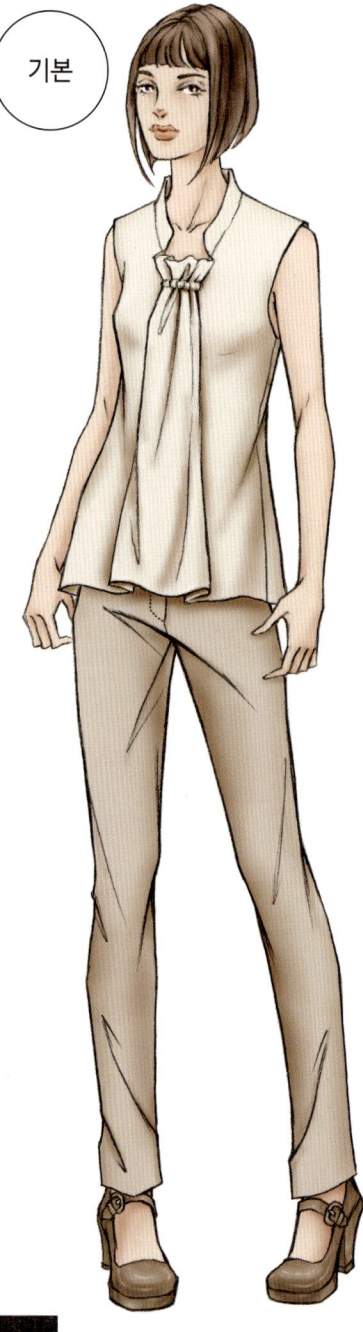

응용 1

기본

### Style 6 * 베스트 블라우스

진동둘레는 안단 처리한 노 슬리브에 여유 있는 품과 길이가 긴 칼라가 특징인 블라우스입니다. 가슴 부분에 고무 셔링을 잡아서 포인트를 줍니다.

How to make ⇨ 62쪽

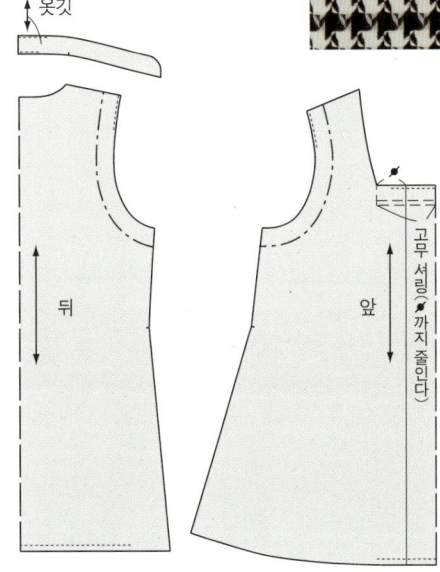

### Style 12 * 슬림 팬츠

앞뒤에 허리 다트가 들어가며 전체적으로 날씬한 실루엣의 팬츠입니다.

How to make ⇨ 86쪽

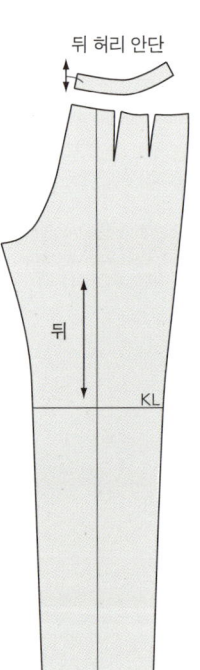

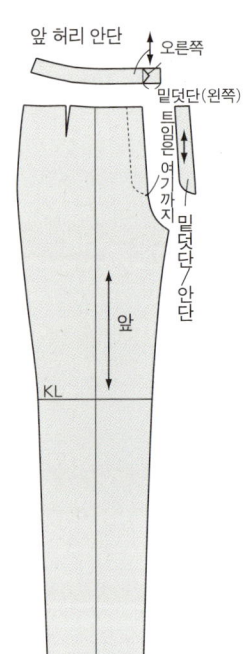

응용 1

### Style 6 * 베스트 블라우스

앞트임으로 고무 셔링 위치에 끈을 달아서 묶는 디자인입니다. 앞단은 두 번 접어서 처리합니다.

● 패턴 응용

끈은 천에 직접 재단합니다.
How to make ⇨ 63쪽

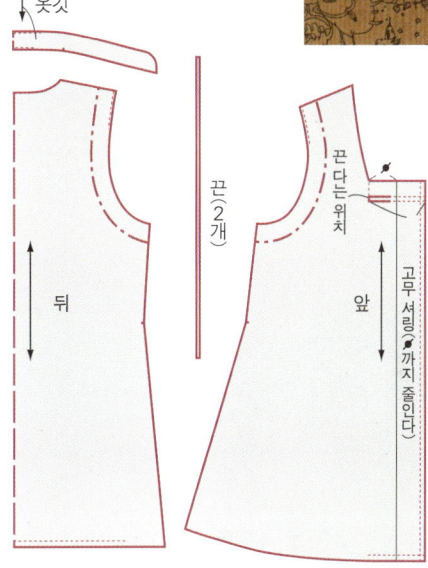

### Style 12 * 슬림 팬츠

앞 무릎 위치에서 잘라서 벌린 다음 주름을 잡아서 움직이기 쉽도록 디자인을 합니다.

● 패턴 응용

앞 바지는 주름을 잡는 위치의 가운데 부근을 잘라서 벌립니다.
How to make ⇨ 87쪽

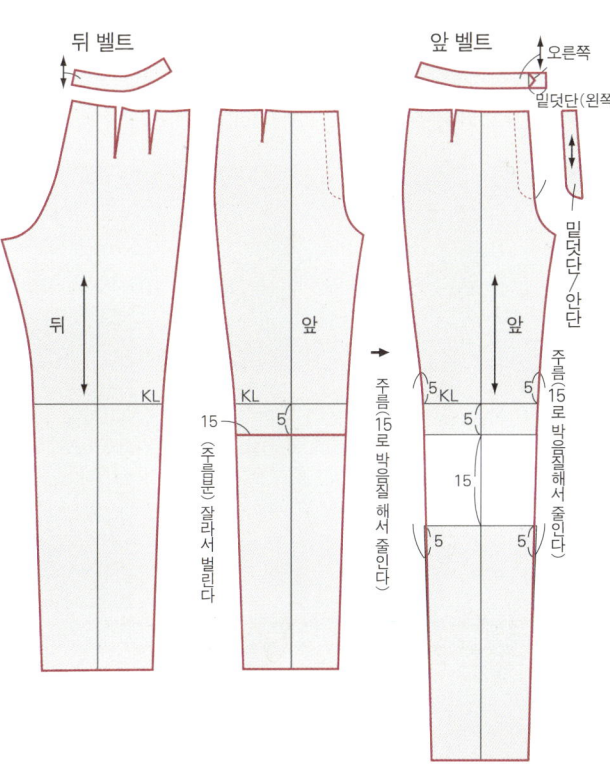

## 응용 2

### Style 6 * 베스트 블라우스

앞 중심에서 재단한 앞단이 멋지게 떨어지는 캐스케이드 드레이프 스타일의 베스트 블라우스입니다.

● **패턴 응용**

앞단은 네크라인선에서 드레이프 분을 부채 모양으로 냅니다.

How to make ⇨ 64쪽

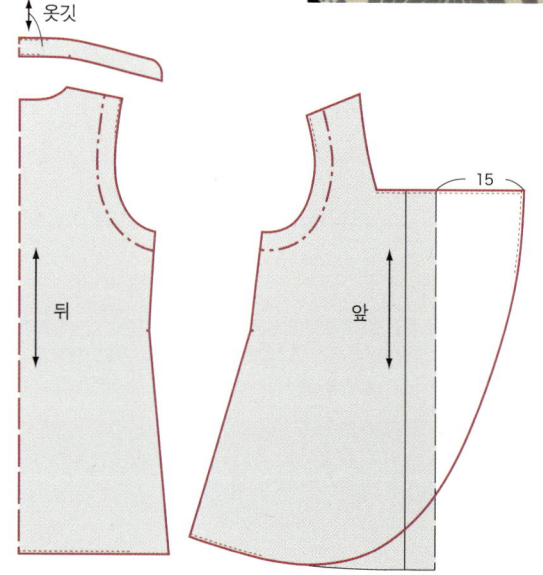

### Style 12 * 슬림 팬츠

슬림 팬츠의 바지자락 셔링이 우아함을 강조합니다.

● **패턴 응용**

앞뒤 패턴을 바지자락부터 평행하게 셔링분을 넣습니다.

How to make ⇨ 88쪽

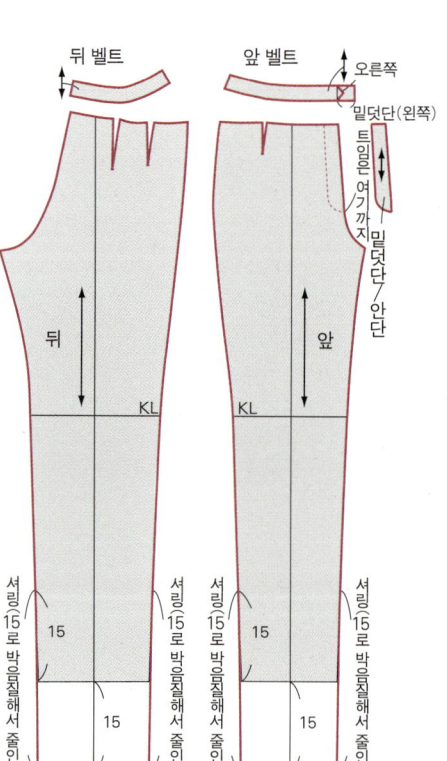

**응용 3**

### Style 6 * 베스트 블라우스

캐스케이드에 투명한 느낌의 천을 겹치면 우아한 느낌이 듭니다.

● **패턴 응용**

앞단은 응용2와 마찬가지로 네크라인에서 드레이프분을 부채 모양으로 제도합니다.

How to make ⇨ 65쪽

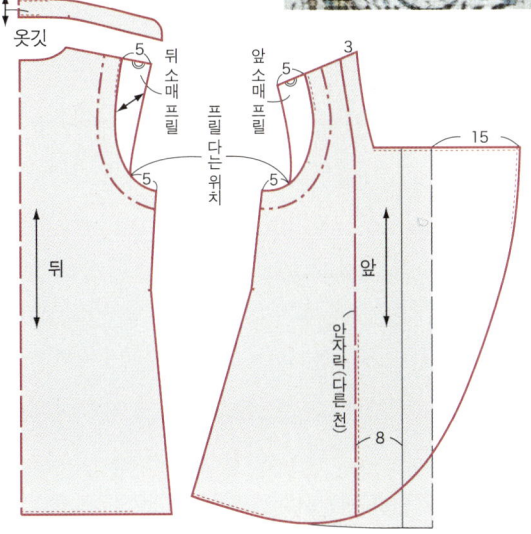

### Style 12 * 슬림 팬츠

앞 무릎을 절개해서 턱을 접은 디자인입니다.

● **패턴 응용**

앞 무릎에 절개천을 대는 선, 뒤 허리에 바대선을 넣습니다. 무릎 절개천의 패턴은 부록으로 제공합니다.

How to make ⇨ 89쪽

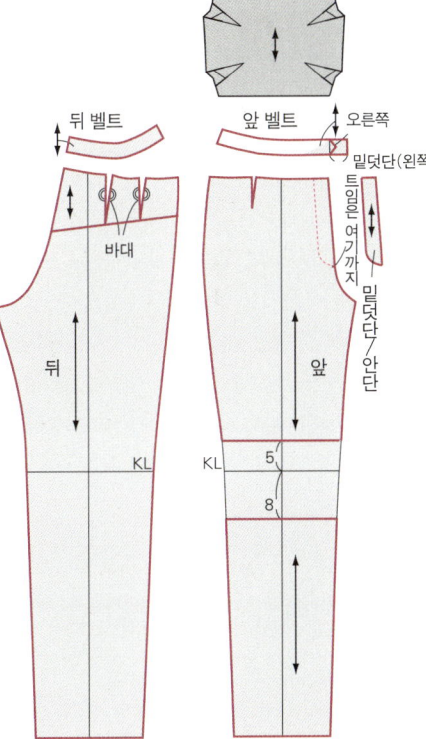

# How to make 실물 크기 패턴의 사용법과 작품 만드는 방법

《블라우스, 스커트, 바지 스타일 북》은 12가지 기본 스타일과 그 응용 디자인을 일러스트로 소개하고 있습니다. 12가지 기본 스타일에는 S, M, ML, L 사이즈의 실물 크기 패턴이 부록으로 제공됩니다.

## 실물 크기 패턴을 사용하는 방법

### 1. 디자인을 고른다
12가지 기본 스타일의 일러스트에서 만들고 싶은 디자인을 고릅니다.

### 2. 패턴을 복사한다
● 기본 스타일을 고른 경우

실물 크기 패턴의 S, M, ML, L 사이즈 중에서 자기 사이즈의 패턴을 파트론지 등의 다른 종이에 옮겨 그립니다. 그때 안단선과 맞춤 표시도 빠뜨리지 말고 다 옮겨 그립니다.

### 3. 패턴을 응용한다
● 기본 스타일 이외의 응용 디자인을 선택한 경우

① 먼저 그 디자인의 기본 스타일의 실물 크기 패턴을 다른 종이에 옮겨 그립니다.
② ①에서 옮겨 그린 기본 패턴선을 사용해서 선택한 디자인의 패턴을 응용합니다.
패턴 응용 방법은 각 디자인의 일러스트 옆에 소개하고 있습니다.

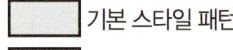 기본 스타일 패턴

응용 디자인 패턴으로 부록에 실물 크기 패턴이 있는 것

─── 응용 디자인의 패턴 응용선과 완성선

이때의 치수는 정치수가 아닌 등분선을 많이 이용하는데, 그 이유는 각 사이즈별로 균형을 유지하기 위해서입니다.
안단선과 맞춤 표시는 완성선을 응용하고 나서 그립니다.
'소매 프릴은 여기까지' 등의 새로운 표시는 치수를 재서 기억해둡니다.
옷의 길이와 소매 길이는 패턴을 완성한 후 옷자락선과 소맷부리선을 평행하게 증감합니다.

### 4. 패턴을 완성시킨다
주머니와 안단 등 겹치는 패턴은 각각 파트론지 등의 다른 종이에 옮겨 그립니다.
이때 다트 등의 끝 맞춤 표시가 있는 것은 맞추면서 옮겨 그립니다.
맞춤 부분은 선이 자연스럽게 이어지도록 고칩니다. 또 앞뒤 어깨와 옆선 등은 각각의 패턴 박음질 선을 맞춘 다음 선을 자연스럽게 이어서 패턴을 완성합니다.

## 재료와 패턴 배치도

재료는 일반적인 천의 폭(110cm)으로 견적을 냅니다.
디자인과 패턴의 모양에 따라 광폭(140cm)과 90cm 폭을 사용하기도 합니다.
패턴 배치도는 M사이즈에 맞춰서 배치한 것입니다.
패턴 사이즈와 천의 폭이 다른 경우, 옷의 길이와 소매 길이를 조절하면 필요한 옷감 길이도 바뀌므로 주의합니다.

## 사이즈 표(누드치수)

(단위 cm)

| 명칭 \ 사이즈 | S | M | ML | L |
|---|---|---|---|---|
| 키 | 156 | 160 | 164 | 168 |
| 가슴 | 79 | 83 | 87 | 91 |
| 허리 | 60 | 64 | 68 | 72 |
| 엉덩이 | 86 | 90 | 94 | 98 |

※ 주: 패턴 배치도에서 지정 이외의 시접분은 1cm입니다.
패턴 배치도에서 ▨는 접착심을 붙이는 위치를 나타냅니다.

## 실물 크기 패턴의 앞면

### Style 1 롤 칼라 블라우스
기본

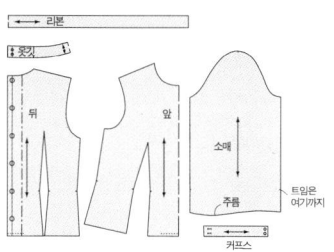

### Style 2 셔츠 칼라 블라우스
기본, 응용1-몸판 프릴, 소맷부리 프릴
응용2-소매 프릴

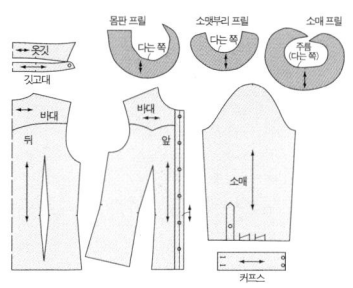

### Style 3 A라인 블라우스
기본

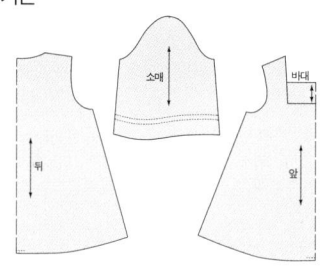

### Style 4 판초 블라우스
기본

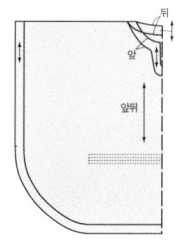

### Style 5 헴라인 리브 블라우스
기본

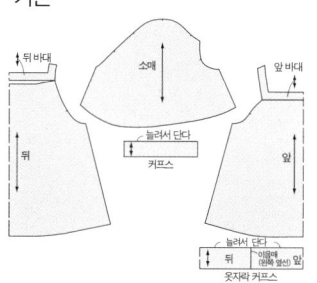

### Style 6 베스트 블라우스
기본

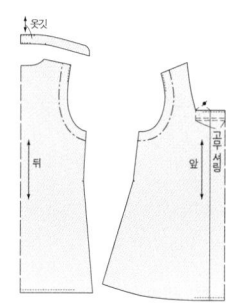

## 실물 크기 패턴의 뒷면

### Style 7 타이트 스커트
기본

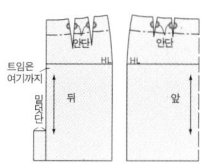

### Style 8 랩 스커트
기본

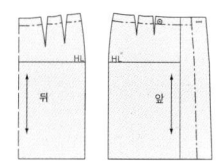

### Style 9 주름 스커트
기본

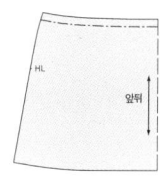

### Style 10 와이드 팬츠
기본

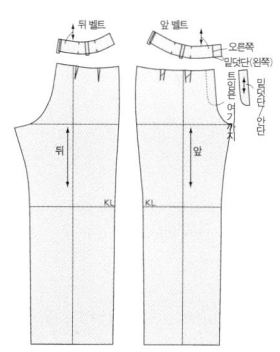

### Style 11 타이트 스트레이트 팬츠
기본

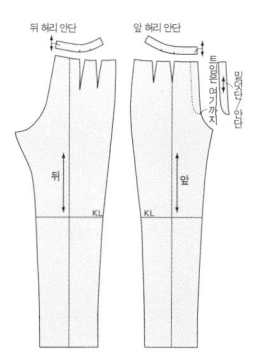

### Style 12 슬림 팬츠
기본, 응용3-무릎 절개천

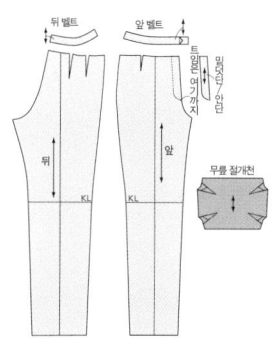

# ROLL COLLAR BLOUSE

**Style1** 롤 칼라 블라우스

 6쪽

● **필요한 패턴(앞면)**
뒤, 앞, 소매, 옷깃, 커프스, 리본

● **재료**
겉감 = 폭 110cm
(S, M) 2m 10cm
(ML, L) 2m 30cm
접착심 = 90cm 폭 60cm
직경 1.5cm의 버튼 6개(뒤 몸판)
직경 1cm의 버튼 6개(옷깃, 커프스)

● **준비**
뒤 이어지는 안단, 겉 옷깃, 겉 커프스에 접착심을 붙인다.
뒤 이어지는 안단의 안, 소매 아래의 시접에 M
※ M은 '오버로크를 친다'는 뜻.

● **만드는 순서**
1 앞뒤 다트를 박는다(45쪽 참고).
2 어깨를 박는다(시접은 2장 모두 M).
3 뒤 안단을 접는다.
4 옷깃을 만들어 단다.
5 옆을 박는다(시접은 2장 모두 M).
6 소매단은 트임분만큼 남기고 박는다. 커프스를 만들어 단다.
7 소매를 단다(시접은 2장 모두 M).
8 옷자락을 두 번 접어서 박는다.
9 리본을 만든다.
10 뒤 중심과 커프스에 단춧구멍을 만들고 단추를 단다.

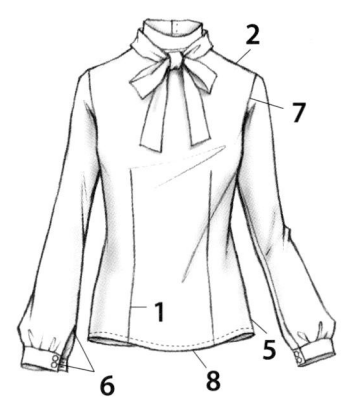

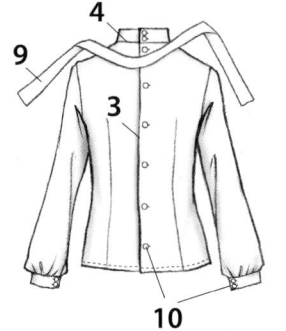

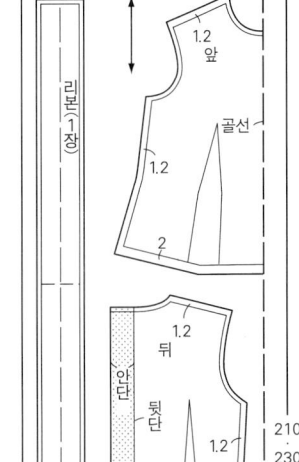

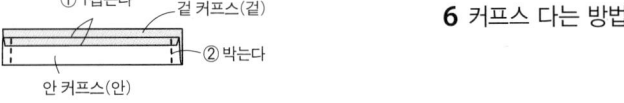

**6 커프스 다는 방법**

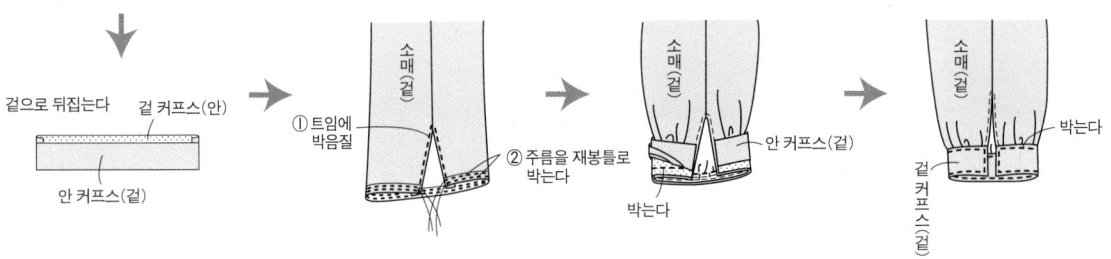

# ROLL COLLAR BLOUSE

**Style1** 롤 칼라 블라우스

7쪽

● **필요한 패턴(앞면)**
뒤, 앞, 소매, 옷깃, 커프스

● **재료**
겉감 = 폭 110cm
(S, M) 2m 10cm
(ML, L) 2m 30cm
접착심 = 90cm 폭 60cm
직경 1.5cm의 버튼 6개(뒤 몸판)
직경 1cm의 버튼 6개(옷깃, 커프스)

● **준비**
뒤 이어지는 안단, 겉 옷깃, 겉 커프스에 접착심을 붙인다.
뒤 이어지는 안단의 안, 소매 아래의 시접에 M
※ M은 '오버로크를 친다'는 뜻.

● **만드는 순서**
1 앞 몸판의 핀턱을 박는다.
2 앞뒤 다트를 박는다(45쪽 참고).
3 어깨를 박는다(시접은 2장 모두 M).
4 뒤 안단을 접는다.
5 옷깃을 만들고 단다.
6 옆을 박는다(시접은 2장 모두 M).
7 소매단은 트임분만큼 남기고 박는다. 커프스를 만들어 단다(42쪽 참고).
8 소매를 단다(시점은 2장 모두 M).
9 옷자락은 두 번 접어서 박는다.
10 뒤 중심과 커프스에 단춧구멍을 만들고 단추를 단다.

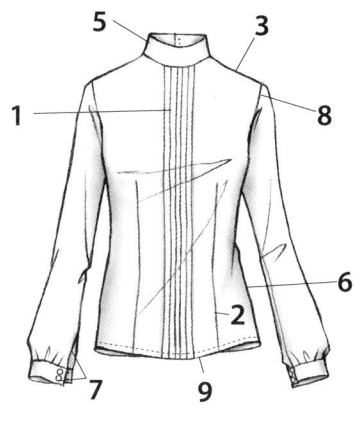

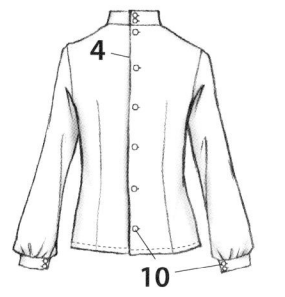

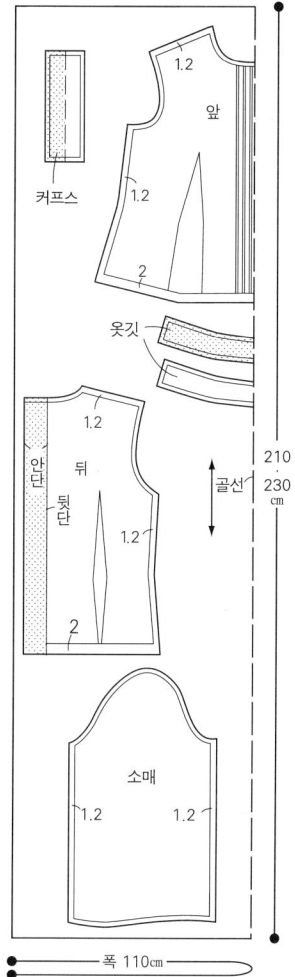

**1** 핀턱 재봉법

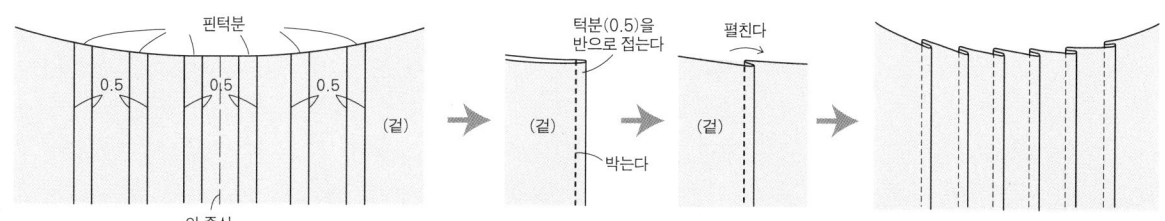

# ROLL COLLAR BLOUSE
**Style1** 롤 칼라 블라우스

 8쪽

● **필요한 패턴(앞면)**
뒤, 앞, 바대, 소매, 옷깃, 커프스

● **재료**
겉감 = 폭 110cm
(S, M) 2m
(ML, L) 2m 20cm
다른 천(바대분) = 90cm 폭 30cm
접착심 = 90cm 폭 60cm
직경 1.5cm의 버튼 6개(뒤 몸판)
직경 1cm의 버튼 6개(옷깃, 커프스)

● **준비**
뒤 이어지는 안단, 겉 옷깃, 겉 커프스에 접착심을 붙인다.
바대의 몸판에 대는 쪽의 시접, 앞 몸판 바대 대는 쪽의 시접, 뒤 이어지는 안단의 안, 소매단의 시접에 M.
※ M은 '오버로크를 친다'는 뜻.

● **만드는 순서**
1. 앞 몸판에 바대를 댄다.
2. 앞뒤 다트를 박는다(45쪽 참고).
3. 어깨를 박는다(시접은 2장 모두 M).
4. 뒤 안단을 접는다.
5. 옷깃을 만들고 단다.
6. 옆을 박는다(시접은 2장 모두 M).
7. 소매단은 트임분만큼 남기고 박는다. 커프스를 만들어 단다(42쪽 참고).
8. 소매를 단다(시점은 2장 모두 M).
9. 옷자락은 두 번 접어서 박는다.
10. 뒤 중심과 커프스에 단춧구멍을 만들고 단추를 단다.

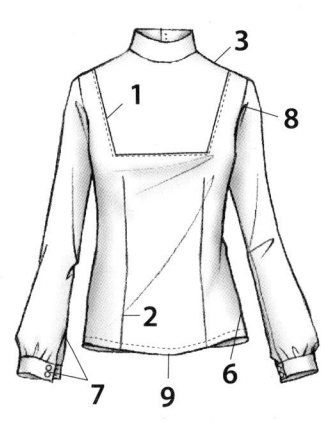

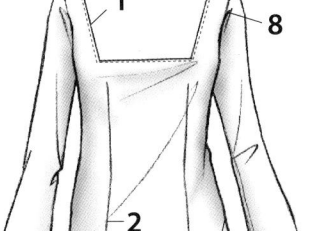

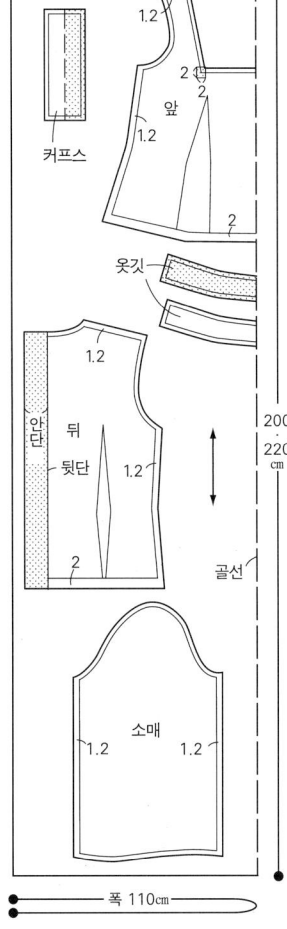

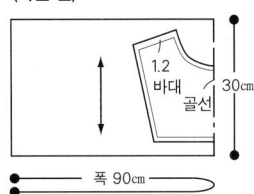

**1 바대 대는 방법**

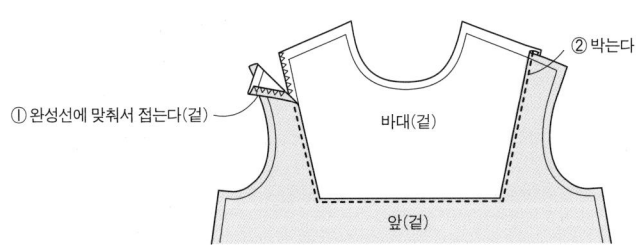

# ROLL COLLAR BLOUSE

**Style1** 롤 칼라 블라우스

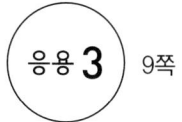
응용 **3**  9쪽

● **필요한 패턴(앞면)**
뒤, 앞, 바대, 소매, 옷깃, 커프스

● **재료**
겉감 = 폭 110cm
(S, M) 2m
(ML, L) 2m 20cm
접착심 = 90cm 폭 60cm
직경 1.5cm의 버튼 6개(뒤 몸판)
직경 1cm의 버튼 6개(옷깃, 커프스)

● **준비**
뒤 이어지는 안단, 겉 옷깃, 겉 커프스에 접착심을 붙인다.
뒤 이어지는 안단의 안, 앞뒤 옆의 시접, 소매단의 시접에 M.
※ M은 '오버로크를 친다'는 뜻.

● **만드는 순서**
1 끈을 만든다.
2 앞뒤 다트를 박는다(앞 다트에는 끈을 끼운다).
3 어깨를 박는다(시접은 2장 모두 M).
4 뒤 안단을 접는다.
5 옷깃을 만들고 단다.
6 옆을 슬릿이 시작하는 부분까지 박는다.
7 소매단은 트임분만큼 남기고 박는다. 커프스를 만들어 단다(42쪽 참고).
8 소매를 단다(시접은 2장 모두 M).
9 옆 슬릿과 옷자락을 두 번 접어서 박는다.
10 뒤 중심과 커프스에 단춧구멍을 만들고 단추를 단다.

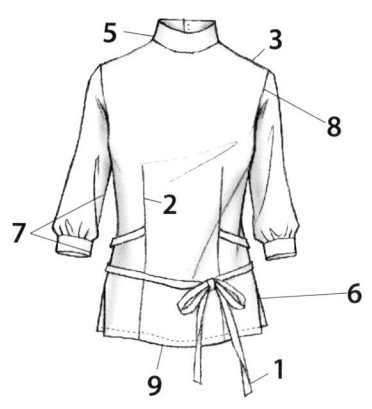

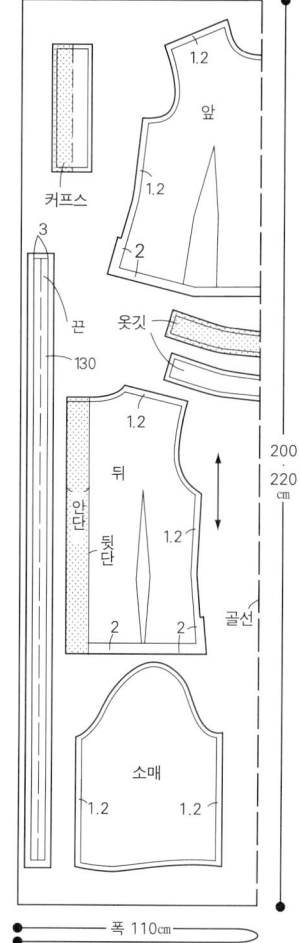

**1, 2** 끈 다는 방법, 다트 재봉법

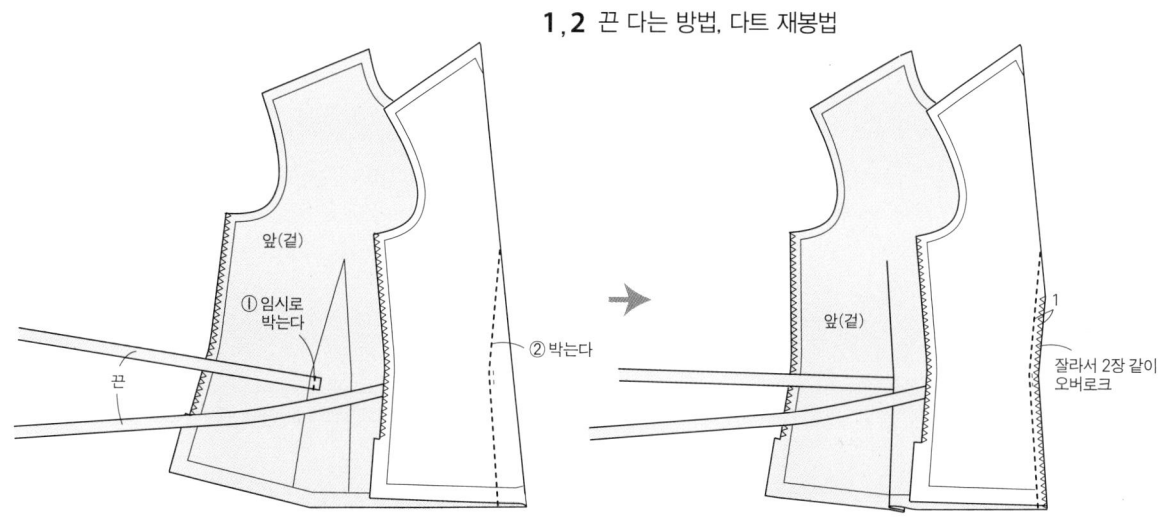

# SHIRT COLLAR BLOUSE

**Style2** 셔츠 칼라 블라우스

12쪽

● **필요한 패턴(앞면)**

뒤, 앞, 뒤 바대, 앞 바대, 소매, 옷깃, 깃고대, 덧단, 커프스, 직사각형 덧천, 밑덧단

● **재료**

겉감 = 폭 110cm
(S, M) 2m 10cm
(ML, L) 2m 30cm
접착심 = 90cm 폭 60cm
직경 1cm의 버튼 6개(덧단)
직경 1.3cm의 버튼 7개(깃고대, 커프스, 직사각형 덧천)

● **준비**

겉 덧단, 안 깃고대, 겉 옷깃, 겉 커프스에 접착심을 붙인다.
앞뒤 몸판 바대를 대는 쪽의 시접, 바대 몸판 대는 쪽의 시접에 M.
※ M은 '오버로크를 친다'는 뜻.

● **만드는 순서**

1. 앞뒤 다트를 박는다(45쪽 참고).
2. 앞뒤 바대를 댄다.
3. 앞 몸판에 덧단을 단다.
4. 옷깃을 만들고 단다.
5. 옆을 박는다(시접은 2장 모두 M).
6. 소맷부리에 직사각형 덧천과 밑덧단을 단다.
7. 소매단을 박고(시접은 2장 모두 M) 커프스를 만들어 단다.
8. 소매를 단다(시접은 2장 모두 M).
9. 옷자락을 두 번 접어서 박는다.
10. 앞 중심과 소맷부리의 트임에 단춧구멍을 만들고 단추를 단다.

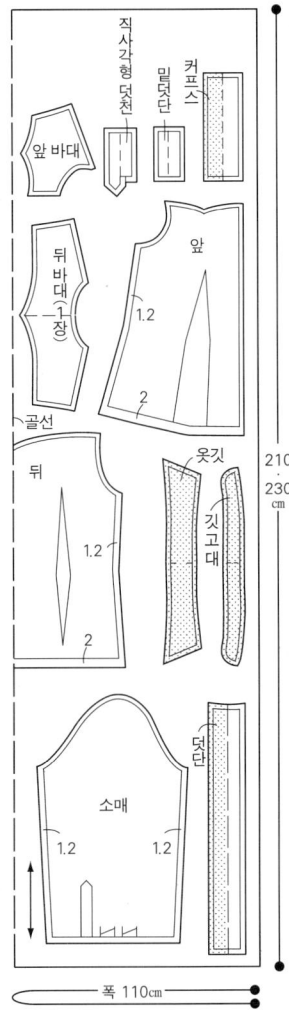

**6 소맷부리 직사각형 덧천과 밑덧단을 다는 방법**

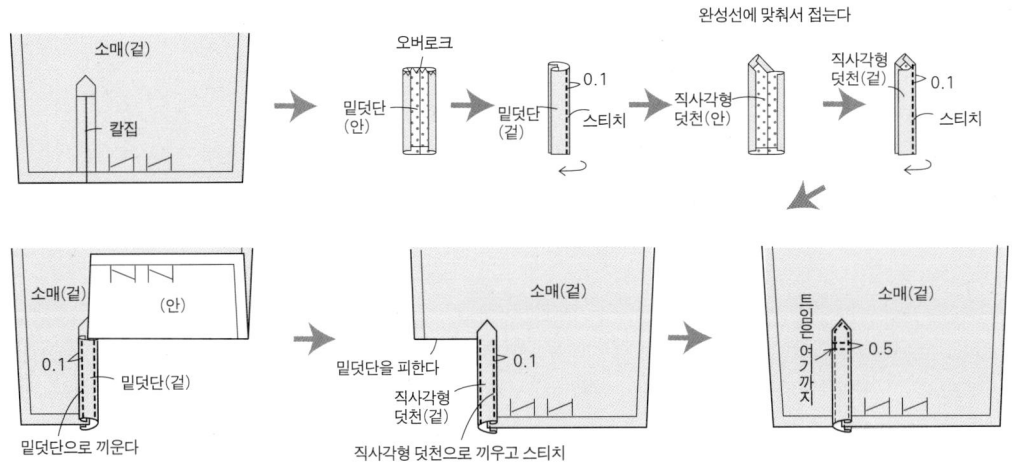

# SHIRT COLLAR BLOUSE

**Style2** 셔츠 칼라 블라우스

  13쪽

● **필요한 패턴(앞면)**

뒤, 앞, 소매, 옷깃, 깃고대, 덧단, 몸판 프릴, 소맷부리 프릴

● **재료**

겉감 = 폭 110cm
(S, M) 2m 10cm
(ML, L) 2m 30cm
접착심 = 90cm 폭 60cm
직경 1cm의 버튼 9개(덧단, 깃고대, 소맷부리의 트임)

● **준비**

겉 덧단, 안 깃고대, 겉 옷깃에 접착심을 붙인다.
몸판 프릴의 가장자리, 소맷부리 프릴의 가장자리에 지그재그로 오버로크를 친다.
소매 아래 시접에 M.
※ M은 '오버로크를 친다'는 뜻.

● **만드는 순서**

1. 앞뒤 다트를 박는다(45쪽 참고).
2. 몸판 프릴을 끼우고 덧단을 단다.
3. 어깨를 박는다(시접은 2장 모두 M).
4. 옷깃을 만들고 단다(49쪽 참고).
5. 옆을 박는다(시접은 2장 모두 M).
6. 소맷부리에 턱을 접고 루프를 만들고 고정한다.
7. 소매단을 박고 소맷부리 프릴을 단다.
8. 소매를 단다(시접은 2장 모두 M).
9. 옷자락을 두 번 접어서 박는다.
10. 앞 중심에 단춧구멍을 만들고 단추를 단다.

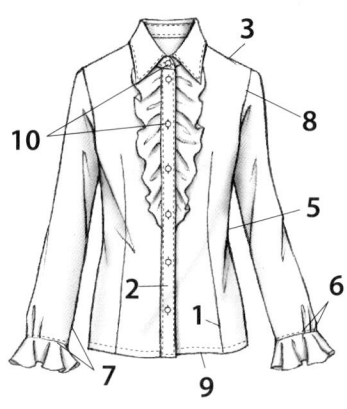

**2** 몸판 프릴을 다는 방법

**6,7** 소맷부리 프릴 다는 방법

# SHIRT COLLAR BLOUSE
**Style2** 셔츠 칼라 블라우스

  14쪽

● **필요한 패턴(앞면)**
뒤, 앞, 바대, 소매 프릴, 옷깃, 깃고대, 덧단, 뒤 진동둘레 안단, 앞 진동둘레 안단

● **재료**
겉감 = 폭 110cm
(S, M) 1m 50cm
(ML, L) 1m 70cm
다른 천(레이스) = 110cm 폭 50cm
접착심 = 90cm 폭 60cm
직경 1cm의 버튼 6개(덧단)
직경 1.3cm의 버튼 1개(깃고대)

● **준비**
겉 덧단, 안 깃고대, 겉 옷깃, 앞뒤 진동둘레 안단에 접착심을 붙인다.
소매 프릴의 가장자리에 지그재그로 오버로크를 친다.
앞뒤 몸판 바대 대는 쪽의 시접, 바대 몸판 대는 쪽의 시접, 앞뒤 진동둘레 안단의 안에 M.
※ M은 '오버로크를 친다'는 뜻.

● **만드는 순서**
1. 앞뒤 다트를 박는다(45쪽 참고).
2. 앞뒤에 바대를 댄다.
3. 앞 몸판에 덧단을 단다.
4. 옷깃을 만들어 단다(49쪽 참고).
5. 옆을 박는다(시접은 2장 모두 M).
6. 소매 프릴을 2장 겹쳐서 주름을 잡는다.
7. 진동둘레와 소매 프릴의 겉을 맞대고 진동둘레 안단을 겹쳐서 박는다.
8. 옷자락을 두 번 접어서 박는다.
9. 앞 중심에 단춧구멍을 만들고 단추를 단다.

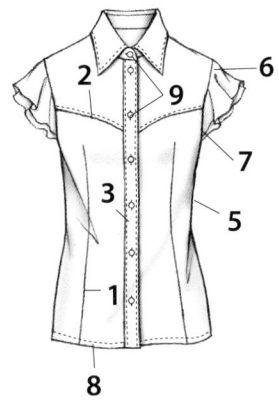

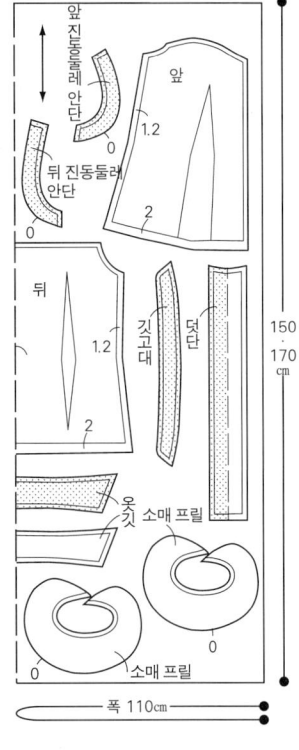

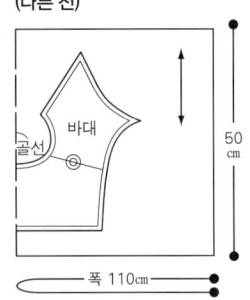

**6,7** 소매 프릴과 진동둘레를 정리하는 방법

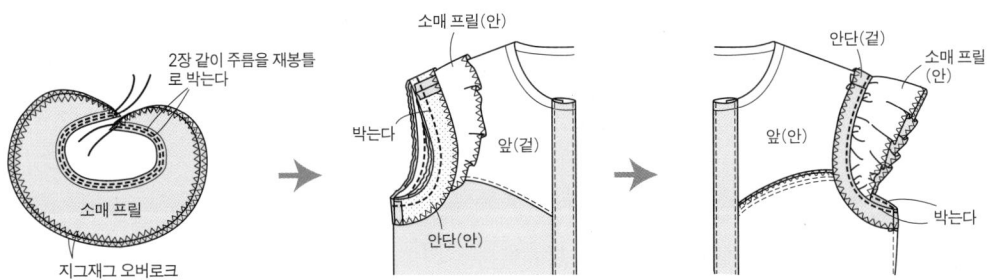

# SHIRT COLLAR BLOUSE

**Style2** 셔츠 칼라 블라우스

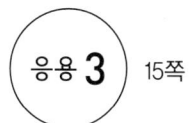  15쪽

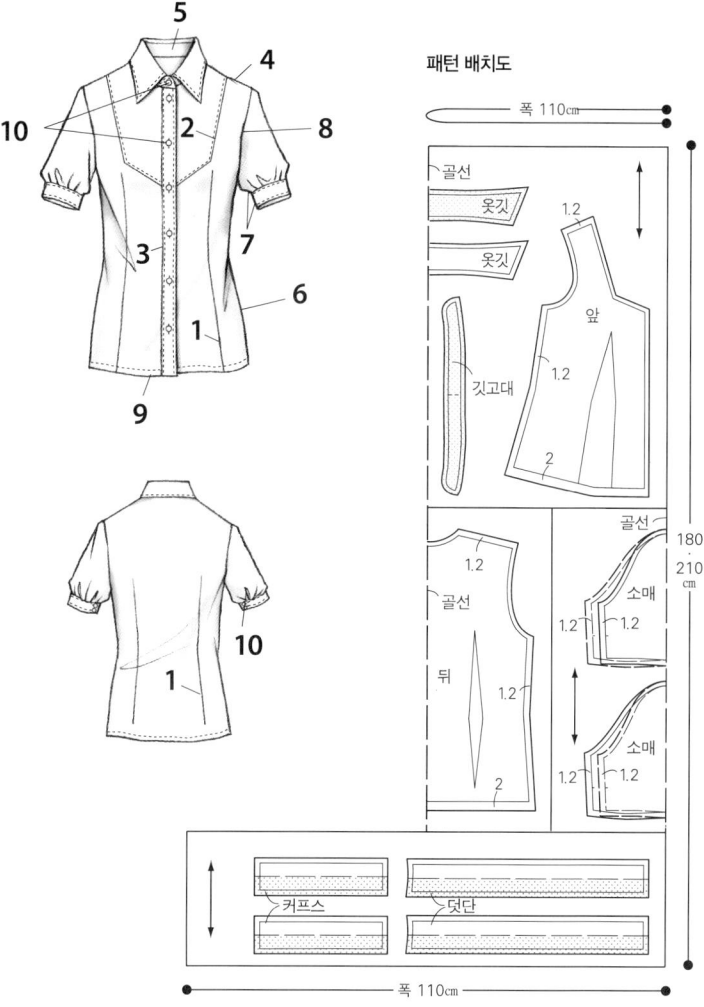

● **필요한 패턴(앞면)**

뒤, 앞, 바대, 소매, 옷깃, 깃고대, 덧단, 커프스

● **재료**

겉감 = 폭 110cm

(S, M) 1m 80cm

(ML, L) 2m 10cm

다른 천(바대분) = 110cm 폭 30cm

접착심 = 90cm 폭 60cm

직경 1cm의 버튼 11개(덧단, 깃고대, 커프스)

● **준비**

겉 덧단, 안 깃고대, 겉 옷깃, 겉 커프스에 접착심을 붙인다.
앞 몸판 바대 대는 쪽의 시접, 바대 몸판 대는 쪽의 시접,
소매단의 시접에 M.

※ M은 '오버로크를 친다'는 뜻.

● **만드는 순서**

1. 앞뒤 다트를 박는다(45쪽 참고).
2. 앞 몸판에 바대를 댄다.
3. 앞 몸판에 덧단을 단다.
4. 어깨를 박는다(시접은 2장 모두 M).
5. 옷깃을 만들어 단다.
6. 옆을 박는다(시접은 2장 모두 M).
7. 소매단은 아랫부분의 트임분만큼 남기고 박는다. 커프스를 만들어서 단다(42쪽 참고).
8. 소매를 단다(시접은 2장 모두 M).
9. 옷자락을 두 번 접어서 박는다.
10. 앞 중심과 커프스에 단춧구멍을 만들고 단추를 단다.

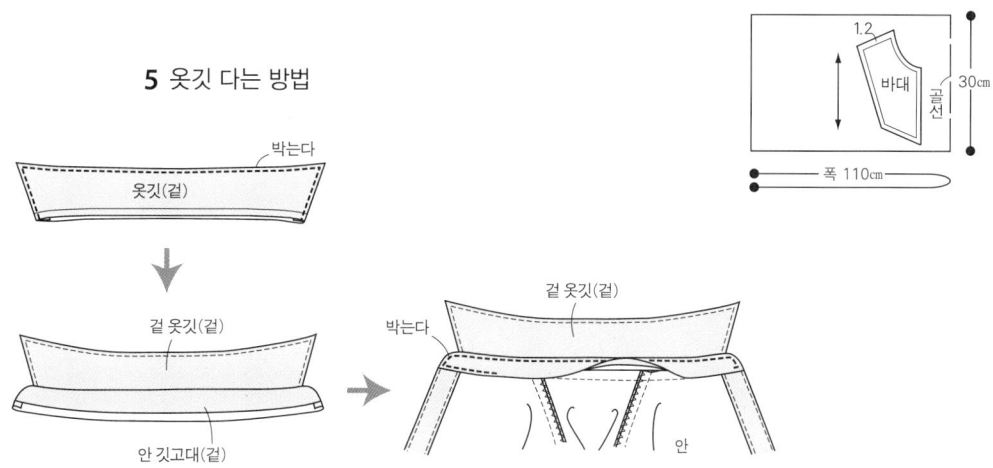

**5 옷깃 다는 방법**

# A-LINE BLOUSE

**Style3** A라인 블라우스

기본 18쪽

● **필요한 패턴(앞면)**
뒤, 앞, 소매, 바대, 보강천

● **재료**
겉감 = 폭 110cm
(S, M) 2m 20cm
(ML, L) 2m 40cm
다른 천 = 30×20cm
고무테이프 = 1cm 폭 40cm
양쪽을 접는 바이어스테이프 = 12mm 폭 30cm

● **준비**
앞 몸판 바대 대는 쪽의 시접, 바대 몸판 대는 쪽의 시접에 M.
※ M은 '오버로크를 친다'는 뜻.

● **만드는 순서**
1. 앞 몸판에 바대를 댄다.
2. 어깨를 박는다(시접은 2장 모두 M).
3. 뒤 진동둘레를 바이어스 테이프로 정리한다.
4. 옆을 박는다(시접은 2장 모두 M).
5. 소매단을 박고(시접은 2장 모두 M) 소맷부리에 보강천을 댄다.
6. 소맷부리를 두 번 접어서 박는다.
7. 소매를 단다(시접은 2장 모두 M).
8. 옷자락을 두 번 접어서 박는다.
9. 소맷부리의 보강천에 고무테이프를 끼운다.

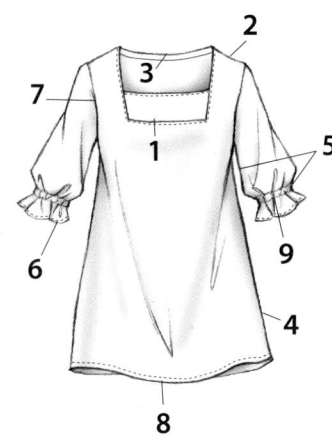

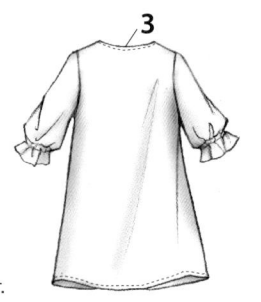

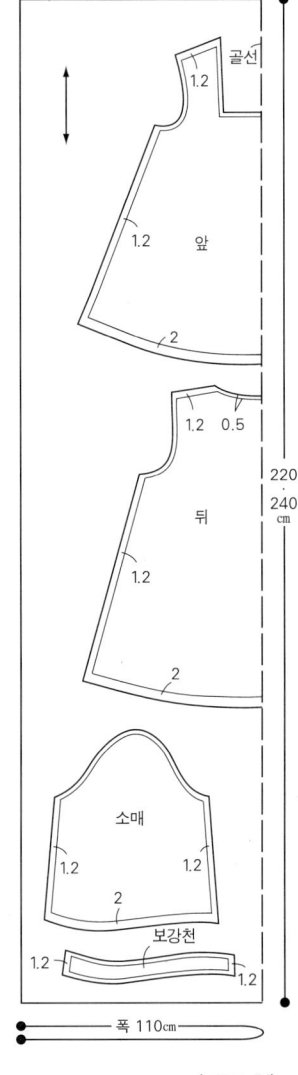

**1~3 의 재봉법**

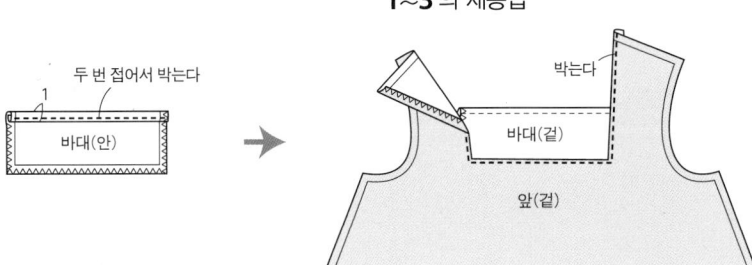

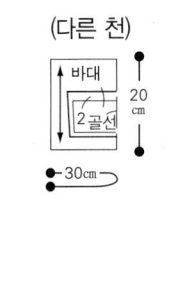

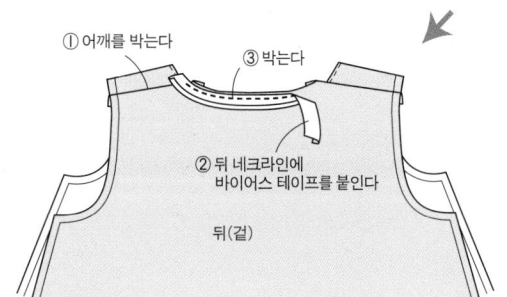

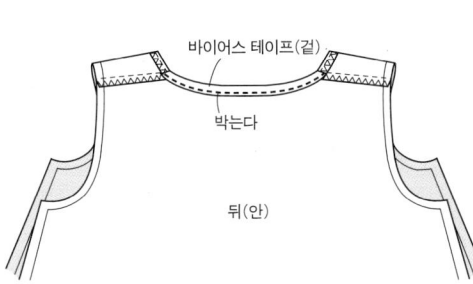

# A-LINE BLOUSE

**Style3** A라인 블라우스

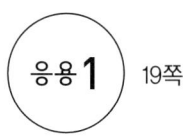

19쪽

● **필요한 패턴(앞면)**

뒤, 앞, 소매, 커프스, 뒤 보강천, 앞 보강천, 프릴, 리본

● **재료**

겉감 = 폭 110cm

(S, M) 2m 20cm

(ML, L) 2m 40cm

접착심 = 10×30cm

레이스(프릴분) = 폭 7cm

(S, M) 1m 20cm

(ML, L) 1m 40cm

양쪽을 접는 바이어스 테이프 = 12mm 폭 60cm

고무테이프 = 1cm 폭 90cm

● **준비**

커프스에 접착심을 붙인다.

※ M은 '오버로크를 친다'는 뜻.

● **만드는 순서**

1. 어깨를 박는다(시접은 2장 모두 M).
2. 옆을 박는다(시접은 2장 모두 M).
3. 소매단을 박고(시접은 2장 모두 M) 소맷부리에 커프스를 단다.
4. 소매를 단다(시접은 2장 모두 M).
5. 네크라인을 바이어스 테이프로 정리한다.
6. 보강천을 박고 몸판에 댄다.
7. 옷자락을 두 번 접어서 박는다.
8. 프릴을 원으로 박고 재봉틀로 주름을 박아서 잡은 다음 네크라인에 단다.
9. 보강천에 고무테이프를 끼운다.
10. 리본의 주위를 두 번 접어서 박고 앞 몸판에 단다.

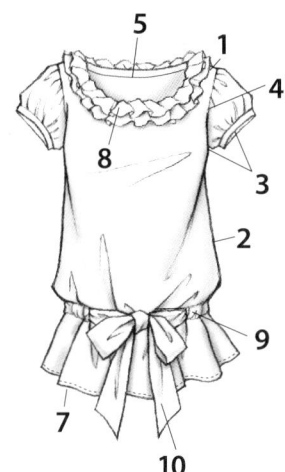

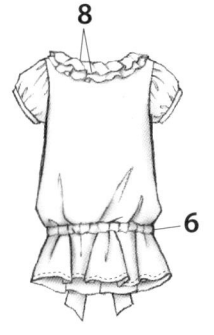

패턴 배치도

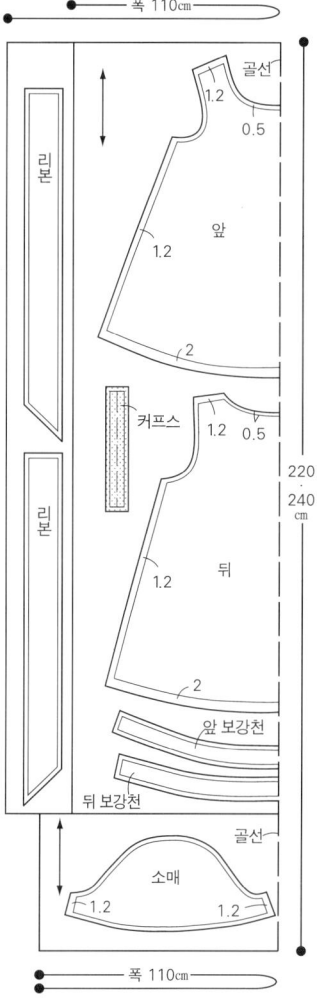

**8 프릴을 다는 방법**

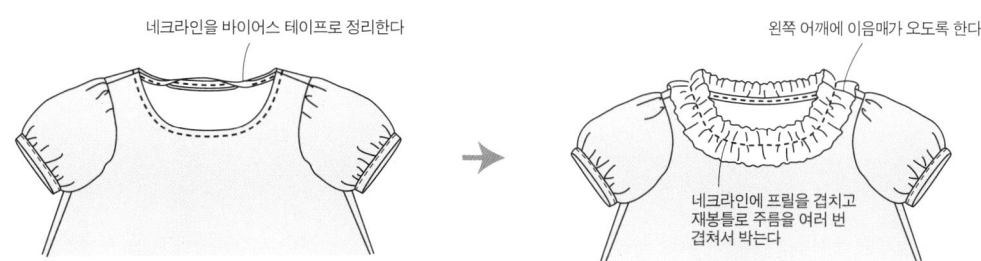

# A-LINE BLOUSE

**Style3 A라인 블라우스**

응용 **2**  20쪽

● **필요한 패턴(앞면)**
뒤, 앞, 장식천, 소매, 뒤 절개천, 앞 절개천, 뒤 보강천, 앞 보강천

● **재료**
겉감 = 폭 110cm
(S, M) 2m 60cm
(ML, L) 2m 80cm
접착심 = 90cm 폭 30cm
고무테이프 = 1cm 폭 90cm

● **준비**
앞뒤 절개천에 접착심을 붙인다.
※ M은 '오버로크를 친다'는 뜻.

● **만드는 순서**
1. 장식천의 자락을 두 번 접어서 박고 중심에 재봉틀로 주름을 잡아서 장식천을 6cm로 줄인다.
2. 앞 몸판에 장식천을 대고 뒤틀리지 않도록 시접분에 고정시킨다.
3. 어깨를 박는다(시접은 2장 모두 M).
4. 옆을 박는다(시접은 2장 모두 M).
5. 소매단을 박는다(시접은 2장 모두 M).
6. 소맷부리를 두 번 접어서 박는다.
7. 소매를 단다(시접은 2장 모두 M).
8. 절개천을 박고 네크라인에 댄다.
9. 보강천을 박고 몸판에 댄다.
10. 옷자락을 두 번 접어서 박는다.
11. 허리의 보강천에 고무테이프를 끼운다.

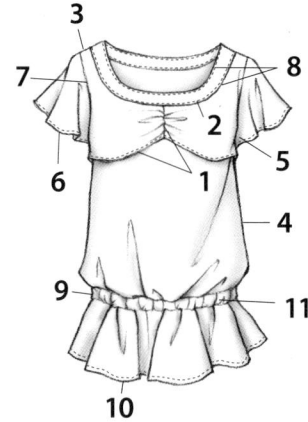

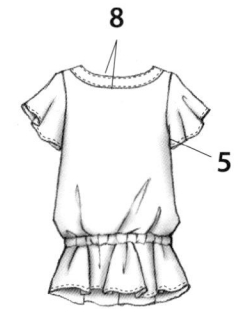

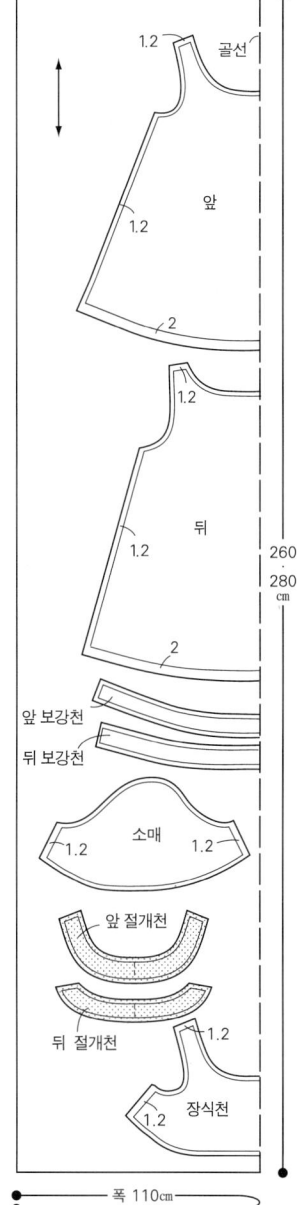

패턴 배치도

**1,2 장식천 재봉법**

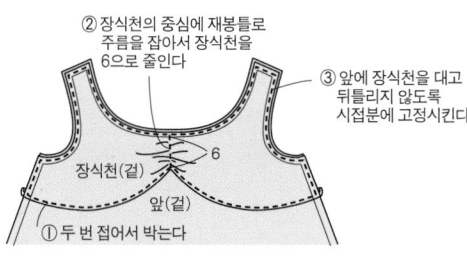

# A-LINE BLOUSE

**Style3** A라인 블라우스

**응용 3** 21쪽

● **필요한 패턴(앞면)**
뒤, 앞, 소매, 뒤 절개천, 앞 절개천, 뒤 프릴, 앞 프릴

● **재료**
겉감 = 폭 110cm
(S, M) 3m
(ML, L) 3m 20cm
접착심 = 90cm 폭 30cm

● **준비**
앞 절개천에 접착심을 붙인다.
※ M은 '오버로크를 친다'는 뜻.

● **만드는 순서**

1. 소맷부리, 앞뒤 프릴 자락을 각각 지그재그 오버로크를 쳐서 정리한다.
2. 어깨를 박는다(시접은 2장 모두 M).
3. 옆을 박는다(시접은 2장 모두 M).
4. 소매단을 박는다(시접은 2장 모두 M).
5. 소매는 두 장을 겹쳐서 비틀리지 않도록 시접분에 시침질을 해서 고정시킨다.
6. 소매를 단다(시접은 2장 모두 M).
7. 절개천을 박고 네크라인에 댄다.
8. 옷자락 프릴의 옆을 각각 박아서 두 장을 겹친 다음 비틀리지 않도록 시접분을 시침질로 고정한다.
9. 옷자락 프릴을 단다(시접분은 3장 모두 M).

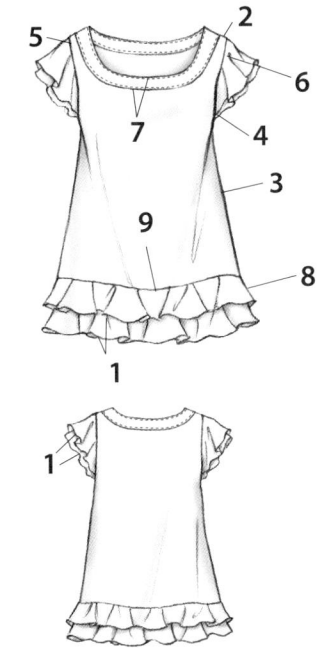

**8,9** 옷자락에 프릴 다는 방법

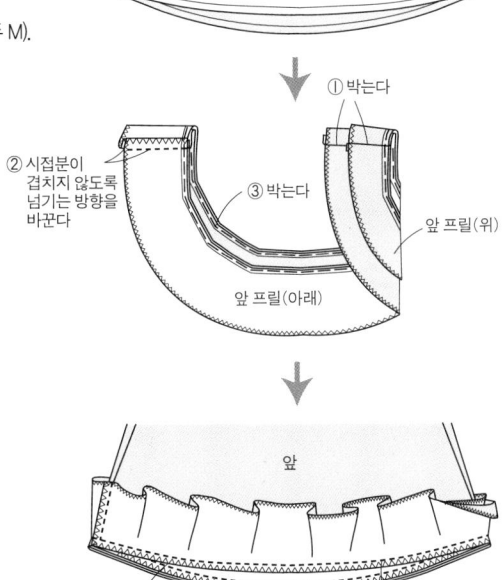

**패턴 배치도**

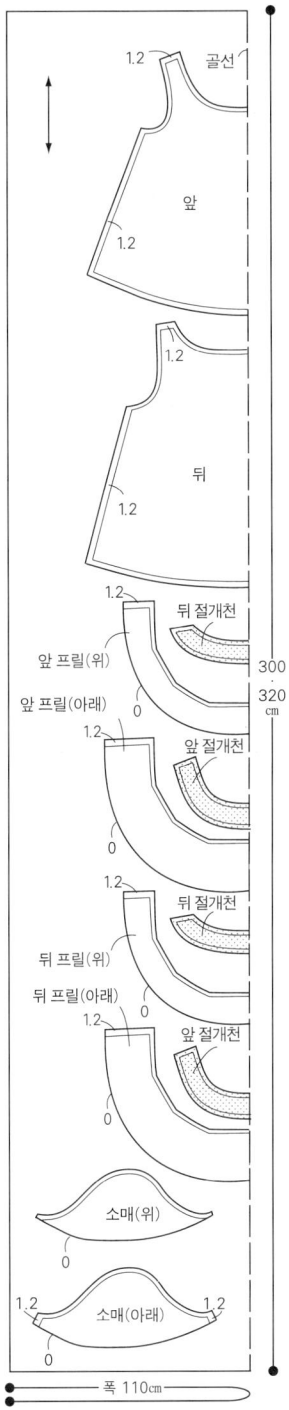

# PONCHO BLOUSE

**Style4** 판초 블라우스

  24쪽

- **필요한 패턴(앞면)**

앞뒤, 뒤, 겉 안단, 앞 겉 안단, 앞뒤 가장자리 천

- **재료**

겉감 = 폭 140cm
(S, M) 2m 50cm
(ML, L) 2m 70cm
접착심 = 30×30cm
고무재봉실

- **준비**

앞뒤 겉 안단에 접착심을 붙인다.
※ M은 '오버로크를 친다'는 뜻.

- **만드는 순서**

1. 앞뒤로 고무 셔링을 잡는다.
2. 어깨를 박는다(시접은 2장 모두 M).
3. 네크라인을 겉 안단으로 정리한다.
4. 몸판 주위에 가장자리 천을 단다.
5. 앞뒤 몸판을 겹쳐서 소맷부리가 끝나는 부분에 박는다.
6. 앞뒤 몸판을 겹치고 셔링의 양끝에 박아서 고정한다.

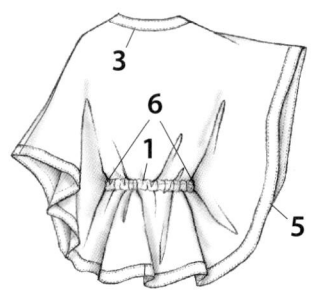
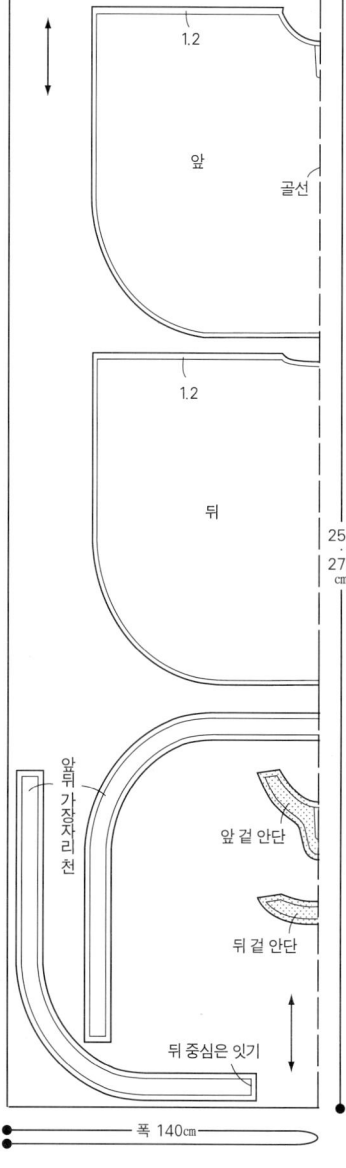

패턴 배치도

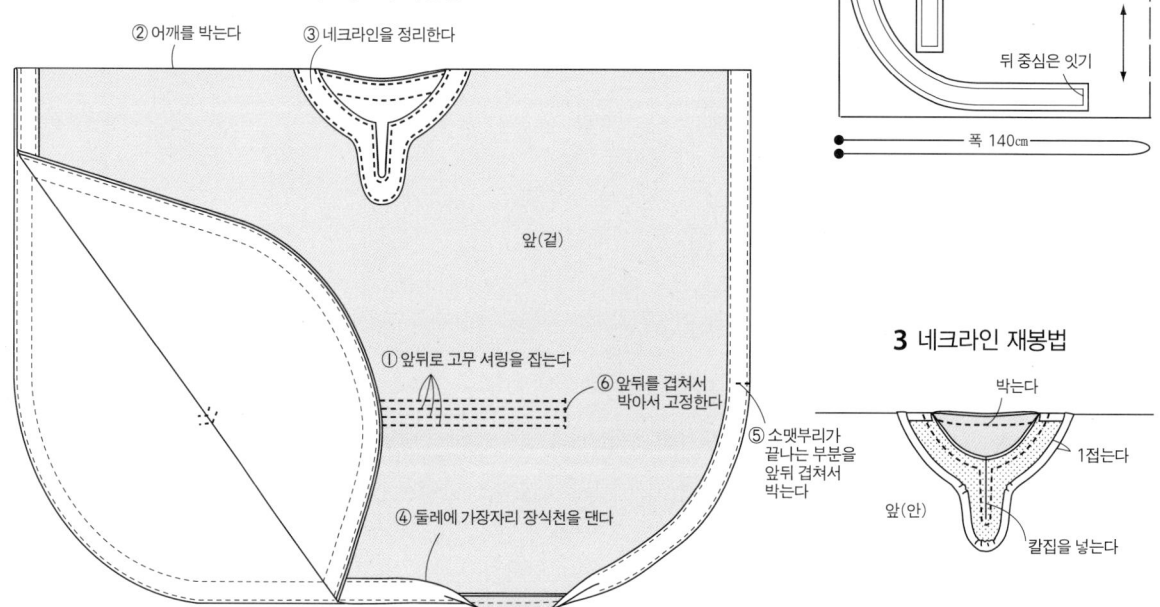

1~6 의 재봉법

3 네크라인 재봉법

# PONCHO BLOUSE

**Style4** 판초 블라우스

**응용 1**  25쪽

● 필요한 패턴(앞면)

앞, 뒤, 뒤 안단, 앞 안단, 뒤 보강천, 앞 보강천

● 재료

겉감 = 폭 140cm
(S, M) 1m 90cm
(ML, L) 2m 10cm
접착심 = 30×30cm

● 준비

앞뒤 안단에 접착심을 붙인다.
앞뒤 안단의 안에 M.
※ M은 '오버로크를 친다'는 뜻.

● 만드는 순서

1. 앞뒤에 단춧구멍을 만든다.
2. 앞뒤에 보강천을 댄다.
3. 앞뒤의 안과 겉을 맞대고 어깨를 박는다. 시접분을 갈라서 두 번 접어서 박음질을 한다.
4. 네크라인을 안단으로 정리한다.
5. 몸판 둘레를 두 번 접어서 박는다.
6. 앞뒤 몸판을 겹쳐서 소맷부리가 끝나는 부분에 박음질을 한다.
7. 앞뒤 몸판을 겹쳐서 보강천의 양끝을 박아서 고정한다.
8. 끈을 만들어서 끼운다.

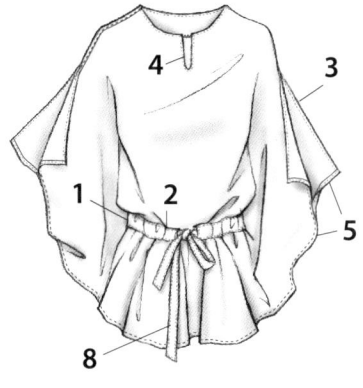

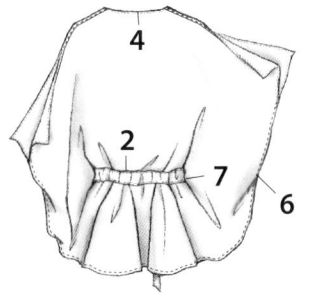

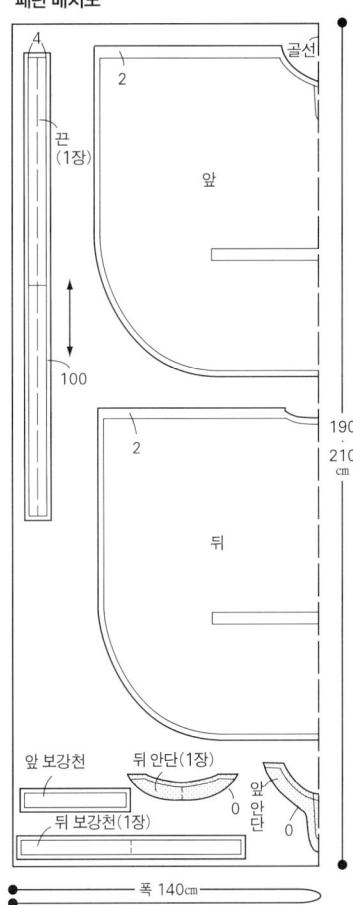

**1,2 의 재봉법**

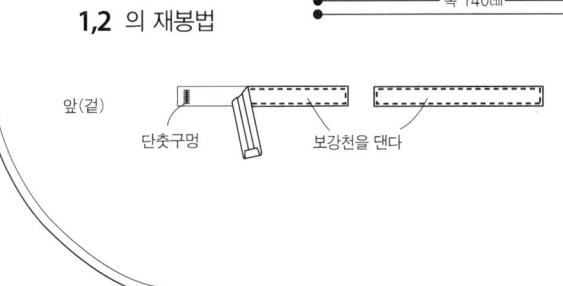

**3~7 의 재봉법**

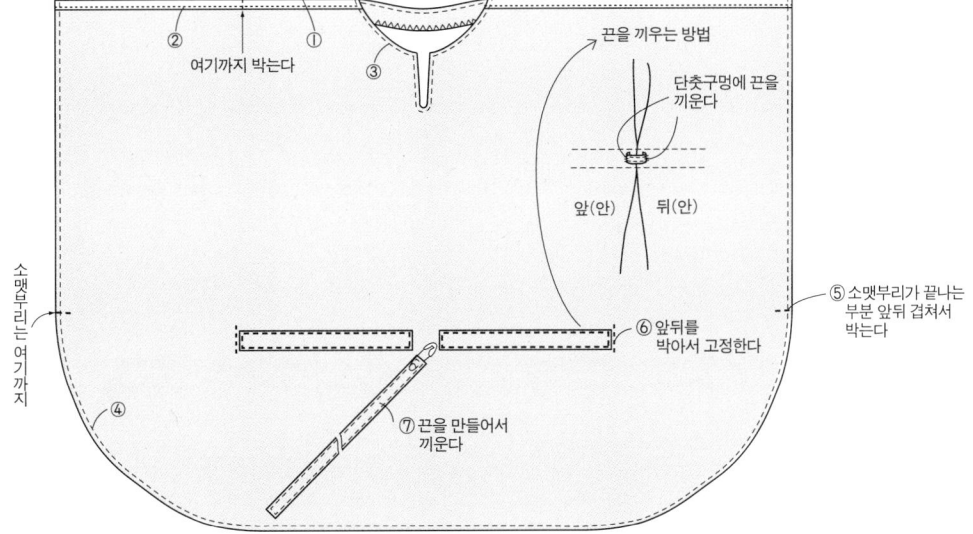

# PONCHO BLOUSE

**Style4** 판초 블라우스

**응용 2**   26쪽

●**필요한 패턴(앞면)**
뒤, 앞, 옷깃, 뒤 보강천, 앞 보강천,
앞 안단, 리본

●**재료**
겉감 = 폭 110cm
(S, M) 2m 20cm
(ML, L) 2m 40cm
접착심 = 15×15cm
양쪽을 접는 바이어스테이프 = 12mm 폭 1m 20cm

●**준비**
앞뒤 안단에 접착심을 붙인다.
앞뒤 어깨, 앞 안단의 안에 M.
※ M은 '오버로크를 친다'는 뜻.

●**만드는 순서**

1. 앞뒤 단춧구멍을 만든다(55쪽 참고).
2. 앞뒤에 보강천을 댄다(55쪽 참고).
3. 앞 몸판의 트임을 안단으로 정리한다.
4. 앞뒤 어깨둘레를 각각 바이어스 테이프로 정리한다.
5. 어깨를 박는다.
6. 옷깃을 단다.
7. 몸판 가장자리를 두 번 접어서 박는다.
8. 앞뒤 몸판을 겹쳐서 소맷부리가 끝나는 부분에 박음질한다.
9. 앞뒤 몸판을 겹치고 보강천의 양쪽 단을 박아서 고정한다(55쪽 참고).
10. 리본을 만들어 옷깃에 끼운다(55쪽 참고).
11. 끈을 만들어 끼운다.

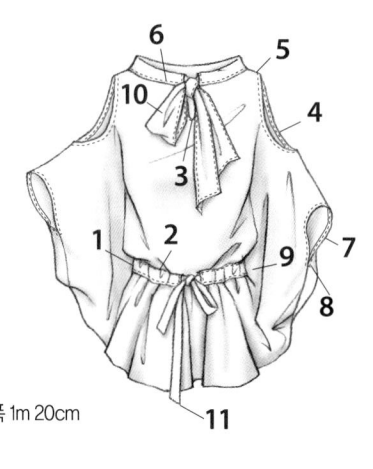

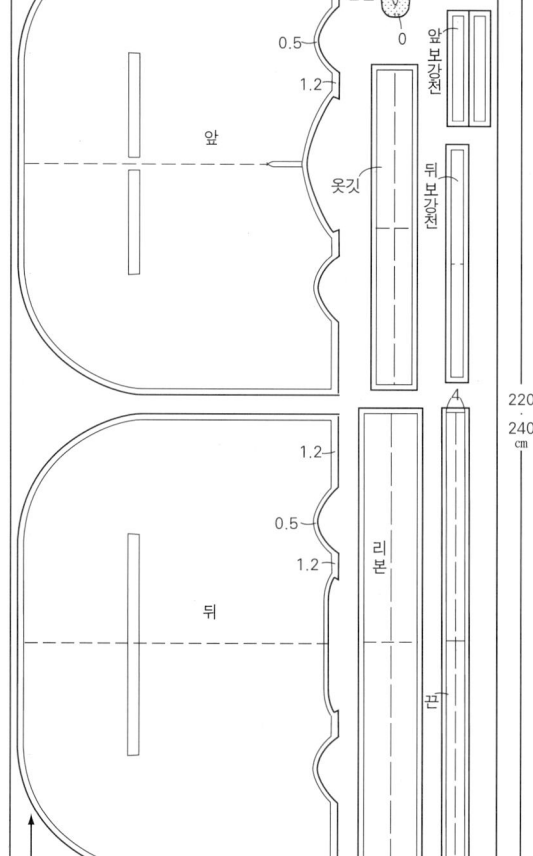

3~7 의 재봉법

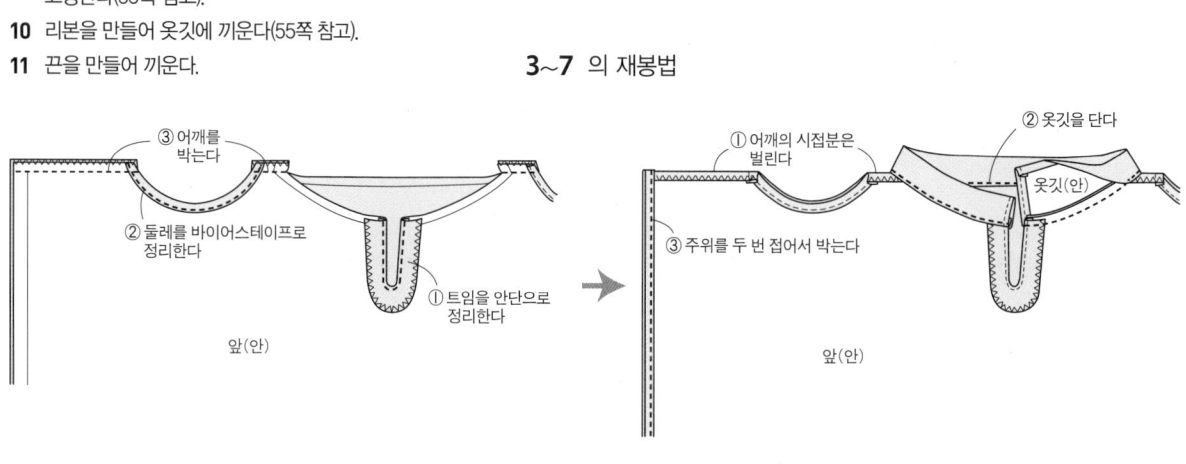

# PONCHO BLOUSE
**Style4** 판초 블라우스

  27쪽

● **필요한 패턴(앞면)**
뒤, 앞, 앞 안단, 옷깃, 커프스

● **재료**
겉감 = 폭 140cm
(S, M) 1m 70cm
(ML, L) 1m 90cm
다른 천(신축성 소재) = 140cm 폭 40cm
접착심 = 15×15cm
에프런(EFLON) 파스너 22cm 1개
고무재봉실

● **준비**
앞 안단에 접착심을 붙인다.
앞뒤 어깨 시접분, 앞 안단의 안에 M.
※ M은 '오버로크를 친다'는 뜻.

● **만드는 순서**

1. 앞뒤로 고무 셔링을 잡는다.
2. 어깨를 박는다(시접분은 벌린다).
3. 앞 중심에 앞 안단을 붙여서 슬래시 트임을 만든다.
4. 옷깃을 단다.
5. 트임에 파스너를 단다.
6. 앞뒤 몸판은 겉을 맞대고 커프스가 끝나는 부분에서 박음질이 끝나는 부분까지 박는다.
7. 커프스를 늘려서 단다.
8. 옷자락을 두 번 접어서 박는다.
9. 앞뒤 몸판을 겹쳐서 셔링의 양쪽 단을 박아서 정리한다(54쪽 참고).

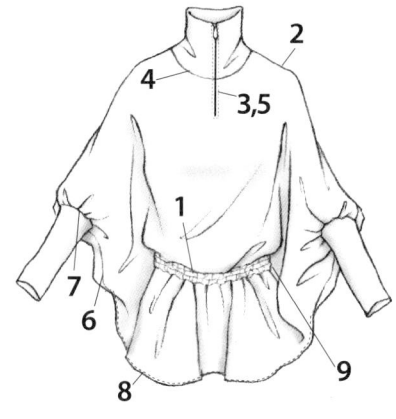

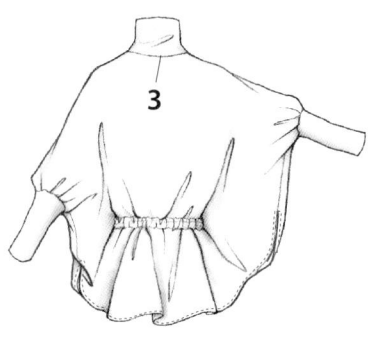

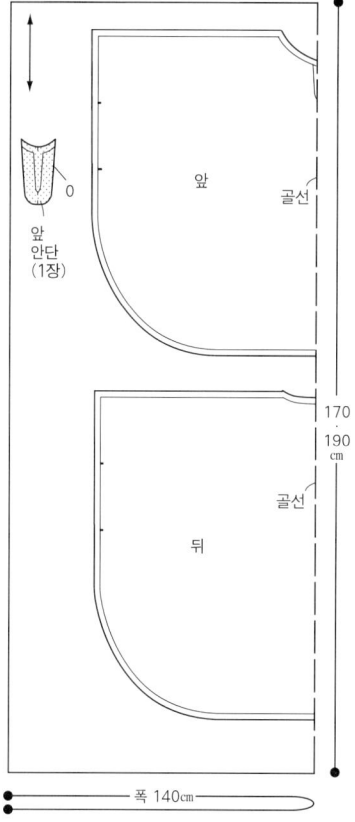

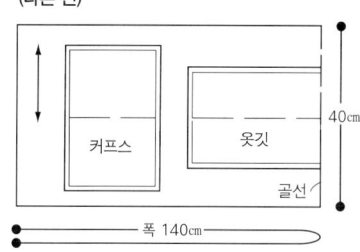

3~5 옷깃 다는 방법

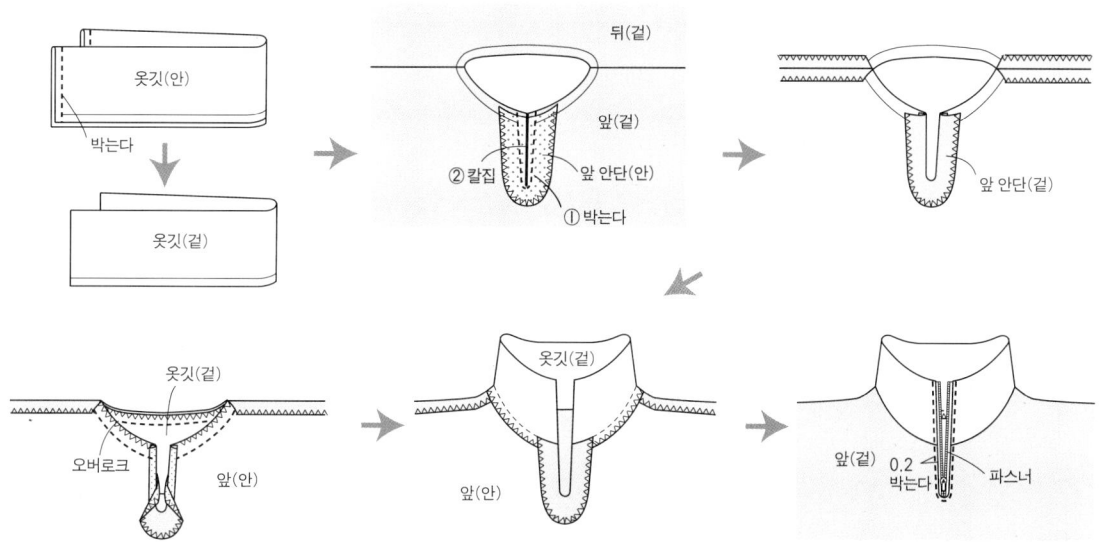

# HEMLINE RIB BLOUSE

**Style5** 헴라인 리브 블라우스

  30쪽

● **필요한 패턴(앞면)**

뒤, 앞, 소매, 뒤 바대, 앞 바대, 커프스, 소매 커프스

● **재료**

겉감 = 폭 110cm
(S, M) 1m 90cm
(ML, L) 2m 10cm
다른 천(신축성 소재) = 90cm 폭 40cm

● **준비**

※ M은 '오버로크를 친다'는 뜻.

● **만드는 순서**

1. 앞과 앞 바깥쪽 바대, 뒤와 뒤 바깥쪽 바대를 박는다.
2. 바깥쪽 바대의 어깨를 박는다.
3. 옆을 박는다(시접은 2장 모두 M).
4. 소매단을 박는다(시접은 2장 모두 M).
5. 소맷부리에 커프스를 단다(시접은 3장 모두 M).
6. 소매를 단다(시접은 2장 모두 M).
7. 뒤 바대의 어깨를 박는다. 네크라인에 겉을 맞대어 박은 다음 정리한다.
8. 앞뒤 옷자락에 커프스를 늘려서 단다(시접은 3장 모두 M).

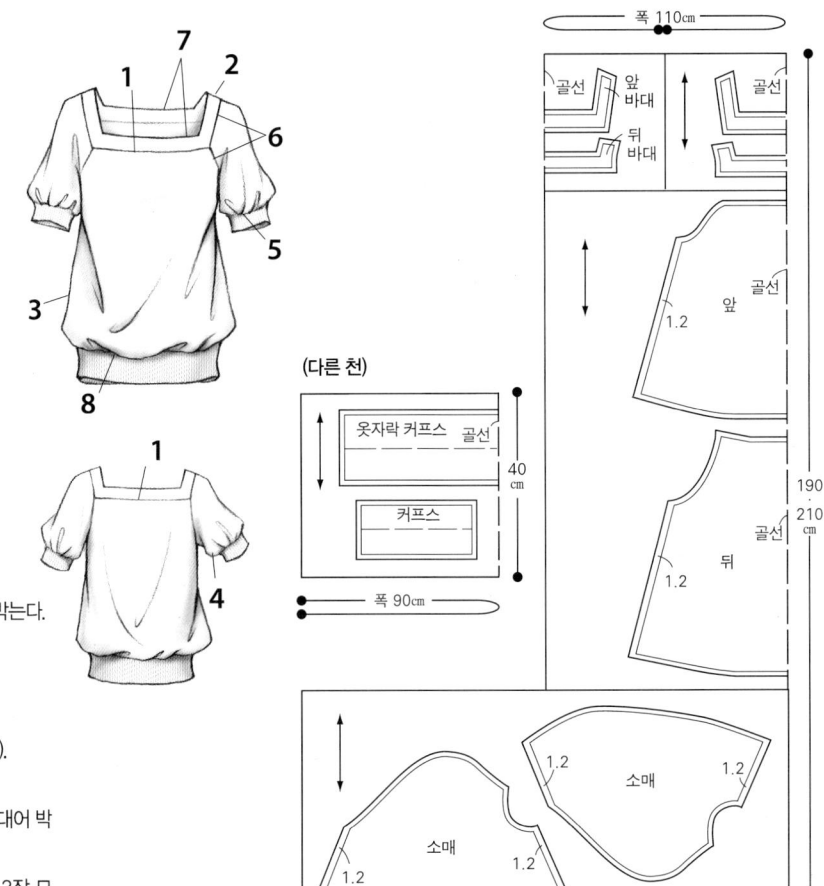

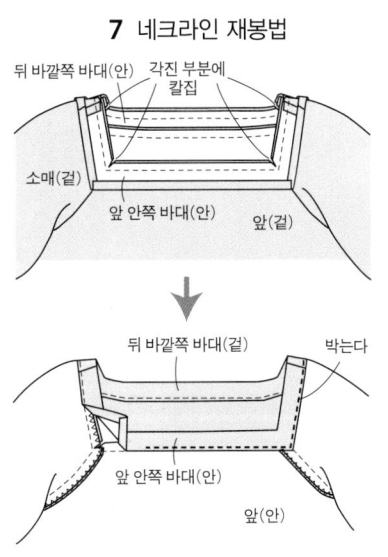

**7** 네크라인 재봉법

**4,5** 소매 재봉법

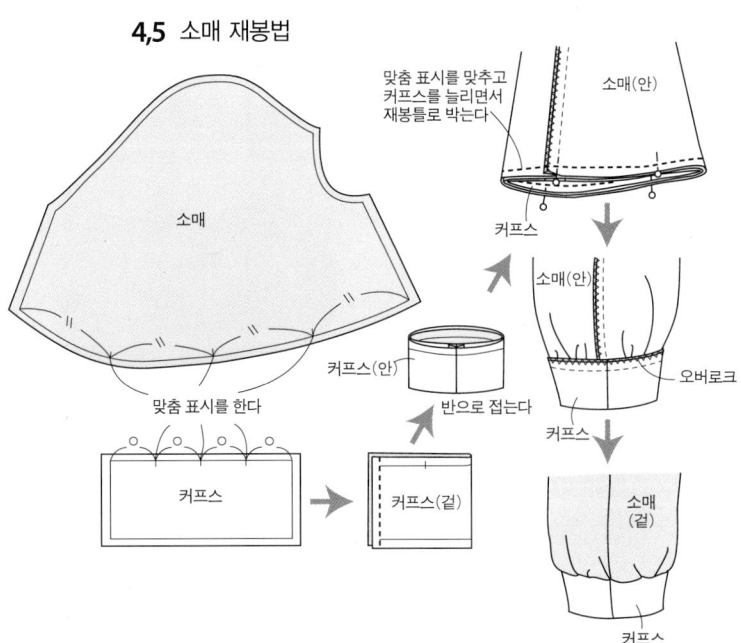

# HEMLINE RIB BLOUSE

**Style5** 헴라인 리브 블라우스

**응용 1** 31쪽

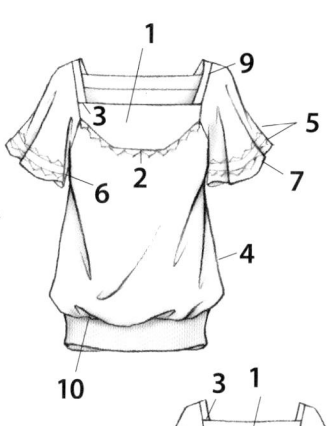

● 필요한 패턴(앞면)

뒤, 앞, 소매, 뒤 바대, 앞 바대, 어깨천, 옷자락 커프스

● 재료

겉감 = 폭 110cm
(S, M) 1m 90cm
(ML, L) 2m 10cm
다른 천(레이스) = 90cm 폭 25cm
다른 천(신축성 소재) = 90cm 폭 25cm
레이스 = 폭4cm
(S, M) 1m 70cm
(ML, L) 2m

● 준비

※ M은 '오버로크를 친다'는 뜻.

● 만드는 순서

1. 앞 바깥쪽 바대, 뒤 바깥쪽 바대에 각각 레이스 천을 올리고 시접분에 박아서 고정시킨다.
2. 앞과 앞 바깥쪽 바대, 뒤와 뒤 바깥쪽 바대를 박는다.
3. 앞뒤 바깥쪽 바대와 어깨천을 박는다.
4. 옆을 박는다(시접은 2장 모두 M).
5. 소매에 레이스를 단다.
6. 소매단을 박는다(시접은 2장 모두 M).
7. 소맷부리를 한 번 접어서 박는다.
8. 소매를 단다(시접은 2장 모두 M).
9. 안쪽 바대와 어깨천을 박는다. 네크라인에 겉을 맞대서 박은 다음 정리한다.
10. 앞뒤 옷자락에 커프스를 늘려서 단다(시접은 3장 모두 M).

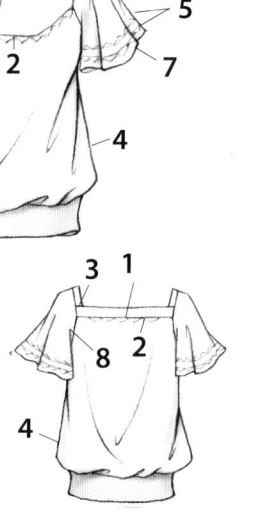

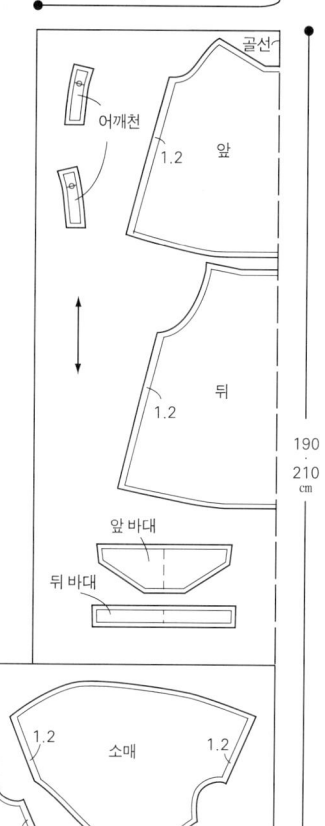

**1 레이스 다는 방법**

**3 앞뒤 바깥쪽 바대와 어깨천을 박는다**

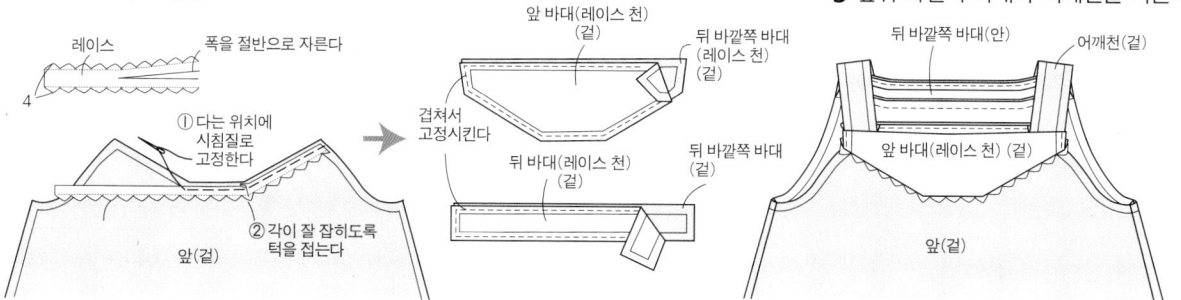

# HEMLINE RIB BLOUSE

**Style5** 헴라인 리브 블라우스

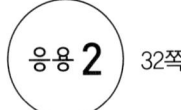 32쪽

- **필요한 패턴(앞면)**

뒤, 앞, 뒤 절개천, 앞 절개천, 어깨끈, 옷자락 커프스

- **재료**

겉감 = 폭 110cm
(S, M) 1m 10cm
(ML, L) 1m 30cm
다른 천(신축성 소재) = 90cm 폭 25cm
레이스 = 폭10cm
(S, M) 50cm
(ML, L) 60m

- **준비**

※ M은 '오버로크를 친다'는 뜻.

- **만드는 순서**

1. 앞 중앙에 레이스를 단다.
2. 옆을 박는다(시접은 2장 모두 M).
3. 진동둘레를 바이어스 테이프로 정리한다.
4. 앞뒤 상단을 절개천으로 감싼다.
5. 앞뒤 옷자락에 옷자락 커프스를 늘려서 단다(시접은 3장 모두 M).
6. 어깨 끈을 4개 만들어서 앞뒤 몸판에 단다.

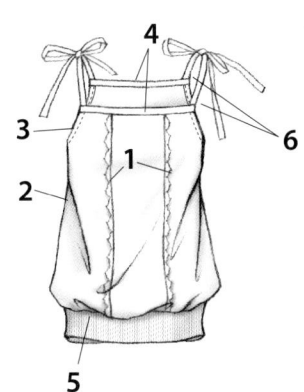

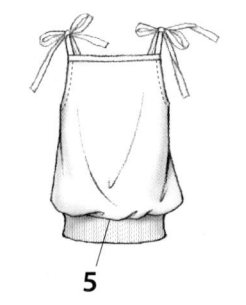

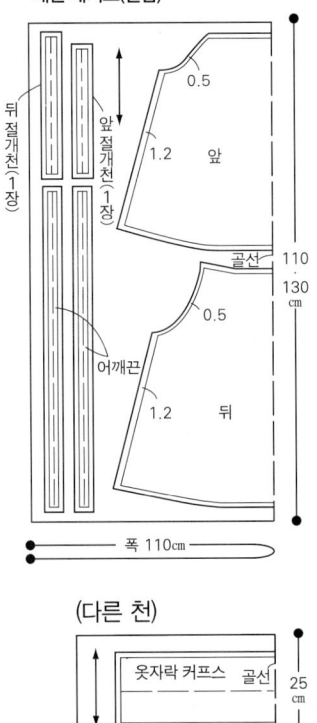

**3 진동둘레 정리**

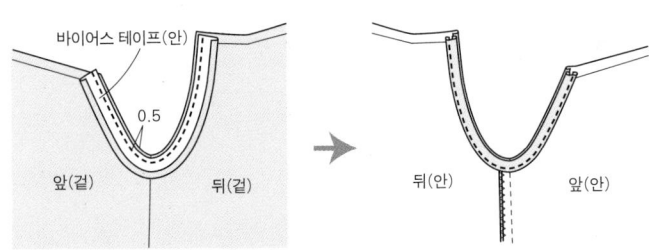

# HEMLINE RIB BLOUSE

**Style5** 헴라인 리브 블라우스

응용 **3**　33쪽

● **필요한 패턴(앞면)**
뒤, 앞, 뒤 절개천, 앞 절개천, 어깨천, 옷자락 커프스

● **재료**
겉감 = 폭 110cm
(S, M) 1m 30cm
(ML, L) 1m 50cm
다른 천(신축성 소재) = 90cm 폭 25cm
양쪽 접는 바이어스 테이프 = 12mm 폭 40cm

● **준비**
※ M은 '오버로크를 친다'는 뜻.

● **만드는 순서**
1　앞 몸판의 핀턱을 박는다.
2　옆을 박는다(시접은 2장 모두 M).
3　어깨천을 되돌려 박고 주름을 잡는다.
4　어깨천을 끼워서 진동둘레를 바이어스 테이프로 정리한다.
5　앞뒤 상단을 절개천으로 감싼다.
6　앞뒤 옷자락에 옷자락 커프스를 늘려서 단다(시접은 3장 모두 M).

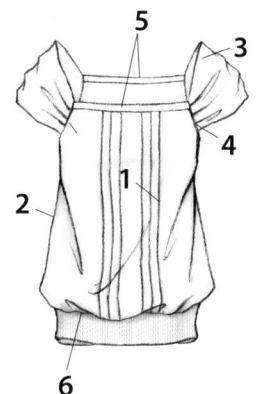

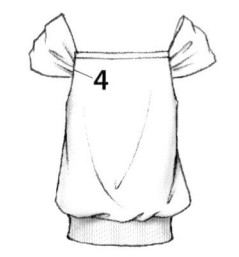

**3,4** 어깨천을 다는 방법

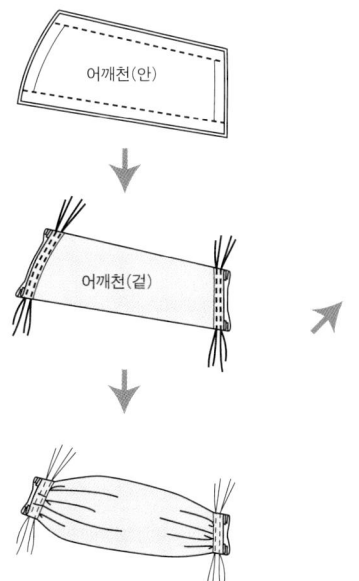

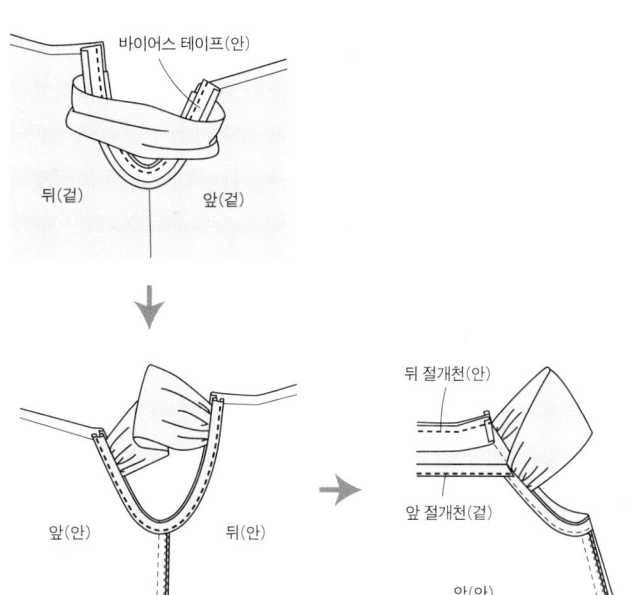

# VEST BLOUSE

**Style6** 베스트 블라우스

  36쪽

● **필요한 패턴(앞면)**
뒤, 앞, 옷깃, 뒤 진동둘레 안단, 앞 진동둘레 안단

● **재료**
겉감 = 폭 110cm
(S, M) 1m 90cm
(ML, L) 2m 10cm
접착심 = 폭 110cm
(S, M) 40cm
(ML, L) 50cm
고무재봉실

● **준비**
앞뒤 진동둘레 안단, 겉 옷깃에 접착심을 붙인다.
앞뒤 진동둘레 안단의 안에 M.
※ M은 '오버로크를 친다'는 뜻.

● **만드는 순서**
1. 앞 상단에 칼집을 넣고 두 번 접어서 박고 고무 셔링을 잡는다.
2. 어깨를 박는다(시접은 2장 모두 M).
3. 옷깃을 만들어 단다.
4. 옆을 박는다(시접은 2장 모두 M).
5. 진동둘레 안단을 박고 진동둘레를 정리한다(64쪽 참고).
6. 옷자락을 두 번 접어서 박는다.

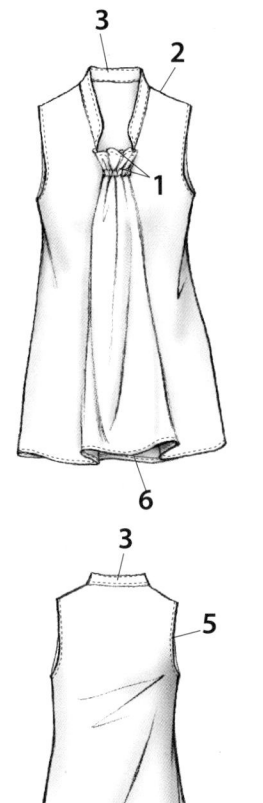

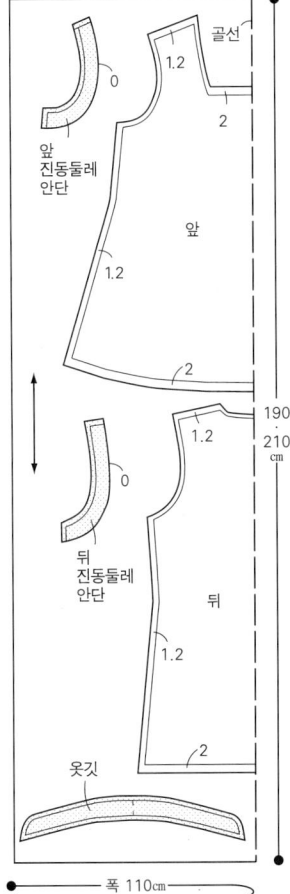

### 3 옷깃 다는 방법

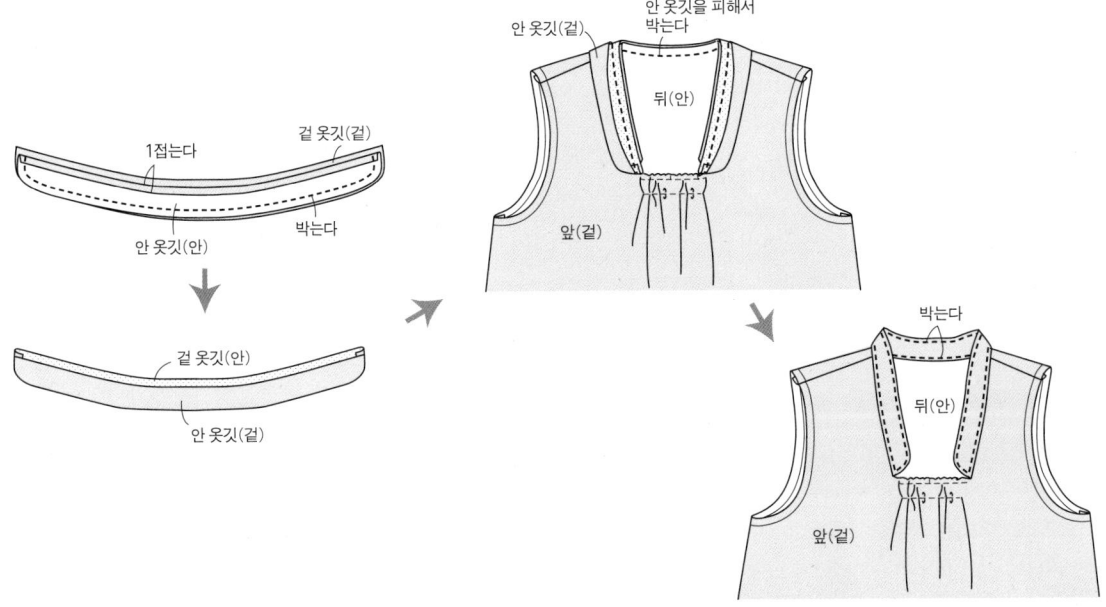

# VEST BLOUSE
**Style6** 베스트 블라우스

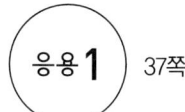 37쪽

● **필요한 패턴(앞면)**
뒤, 앞, 옷깃, 뒤 진동둘레 안단,
앞 진동둘레 안단

● **재료**
겉감 = 폭 110cm
(S, M) 1m 90cm
(ML, L) 2m 10cm
접착심 = 폭 110cm
(S, M) 40cm
(ML, L) 50cm

● **준비**
앞뒤 진동둘레 안단, 겉 옷깃에 접착심을 붙인다.
앞뒤 진동둘레 안단의 안에 M.
※ M은 '오버로크를 친다'는 뜻.

● **만드는 순서**
1 어깨를 박는다(시접은 2장 모두 M).
2 옆을 박는다(시접은 2장 모두 M).
3 앞 상단, 앞단, 옷깃을 두 번 접어서 박는다.
4 옷깃을 만들어 단다(62쪽 참고).
5 진동둘레 안단을 박고 진동둘레를 정리한다(64쪽 참고).
6 좌우 앞에 셔링을 잡는다.
7 끈을 만들어 단다.

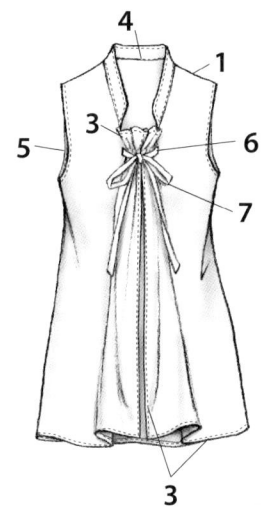

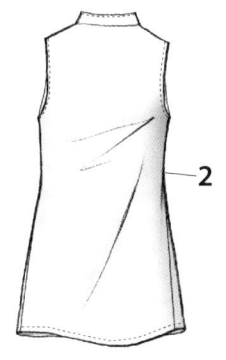

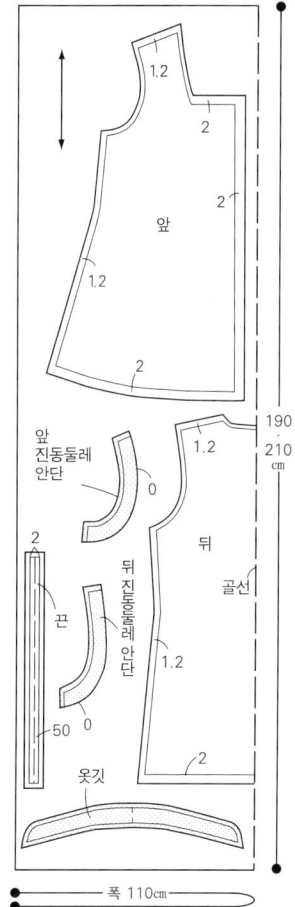

**7 끈 다는 방법**

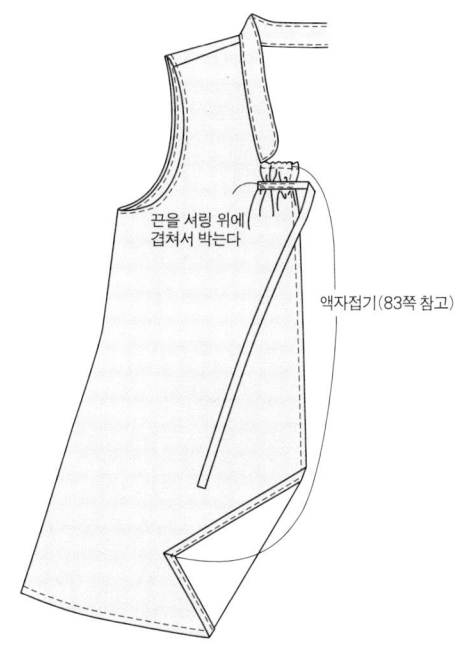

# VEST BLOUSE

**Style6** 베스트 블라우스

  38쪽

- **● 필요한 패턴(앞면)**
뒤, 앞, 옷깃, 뒤 진동둘레 안단, 앞 진동둘레 안단

- **● 재료**
겉감 = 폭 140cm
(S, M) 1m 90cm
(ML, L) 2m 10cm
접착심 = 폭 110cm
(S, M) 50cm
(ML, L) 60cm

- **● 준비**
앞뒤 진동둘레 안단, 겉 옷깃에 접착심을 붙인다.
앞뒤 진동둘레 안단의 안에 M.
※ M은 '오버로크를 친다'는 뜻.

- **● 만드는 순서**
1. 어깨를 박는다(시접은 2장 모두 M).
2. 옆을 박는다(시접은 2장 모두 M).
3. 앞 상단, 앞단, 옷자락을 두 번 접어서 박는다(65쪽 참고).
4. 옷깃을 만들어 단다(62쪽 참고).
5. 진동둘레 안단의 어깨와 옆을 박고 진동둘레를 정리한다.

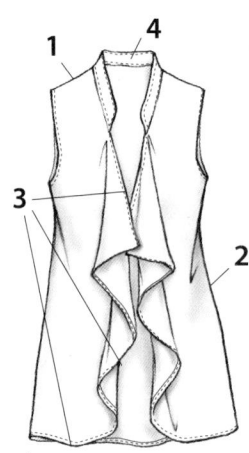

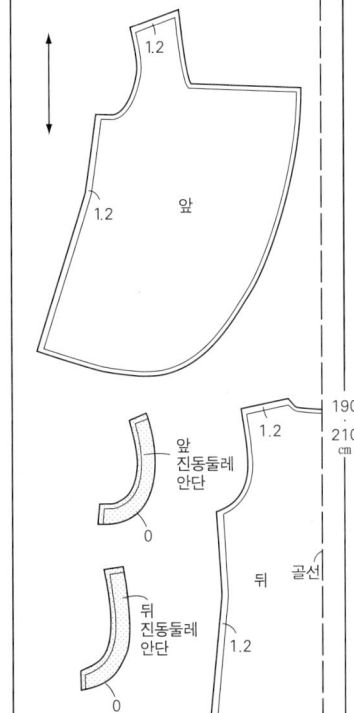

**5** 진동둘레 재봉법

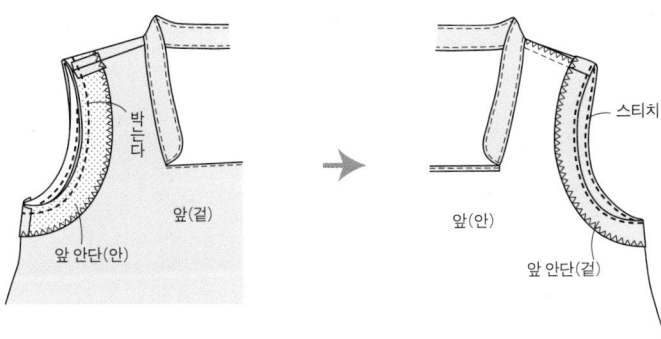

# VEST BLOUSE

**Style6** 베스트 블라우스

**응용 3** 39쪽

● **필요한 패턴(앞면)**

뒤, 앞, 소매 프릴, 옷깃, 안자락, 뒤 진동둘레 안단, 앞 진동둘레 안단

● **재료**

겉감 = 폭 140cm
(S, M) 1m 80cm
(ML, L) 2m 10cm
접착심 = 폭 110cm
(S, M) 50cm
(ML, L) 60cm

● **준비**

앞뒤 진동둘레 안단, 겉 옷깃에 접착심을 붙인다.
앞뒤 진동둘레 안단의 안에 M.
※ M은 '오버로크를 친다'는 뜻.

● **만드는 순서**

1. 옆을 박는다(시접은 2장 모두 M).
2. 앞, 안자락의 상단, 앞단, 옷자락을 두 번 접어서 박는다.
3. 앞과 안자락을 겹쳐서 고정시킨다.
4. 어깨를 박는다(시접은 2장 모두 M).
5. 옷깃을 만들고, 단다(62쪽 참고).
6. 진동둘레 안단을 박고 소매 프릴을 끼워서 진동둘레를 정리한다(64쪽 참고).

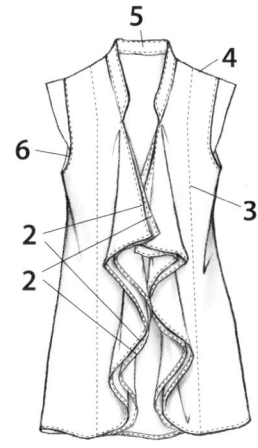

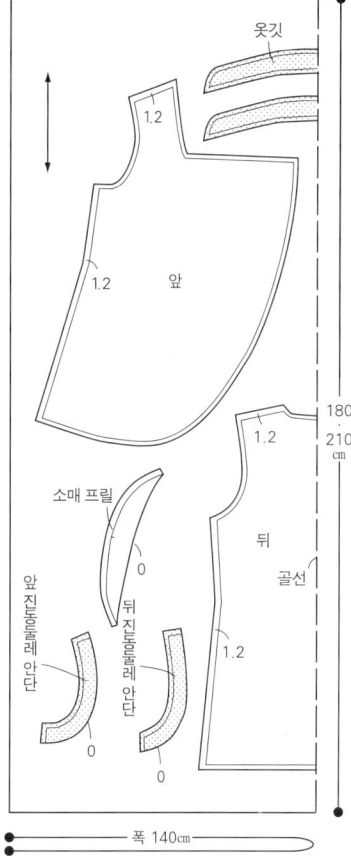

**1,2 앞과 안자락 재봉법**

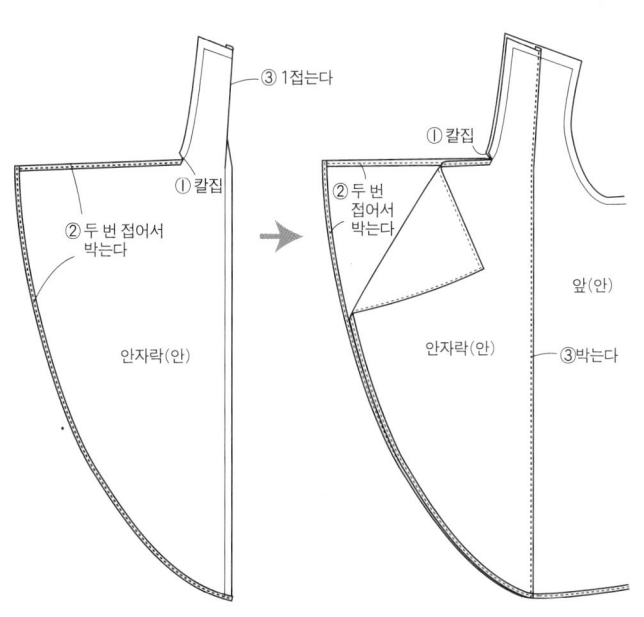

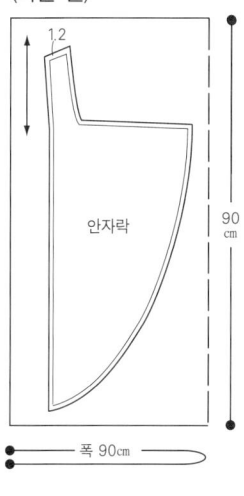

# TIGHT SKIRT

**Style7** 타이트 스커트

 기본  6쪽

● **필요한 패턴(뒷면)**
뒤, 앞, 뒤 허리 안단, 앞 허리 안단

● **재료**
겉감 = 폭 110cm
(S, M) 1m 20cm
(ML, L) 1m 30cm
접착심 = 90cm 폭 35cm
컨실 파스너 22cm 1개
스프링 후크 1쌍

● **준비**
앞뒤 허리 안단, 뒤 밑덧단, 안단에 접착심을 붙인다.
앞뒤 허리 안단의 안, 뒤 중심 시접분, 밑덧단, 안단의 시접분, 앞뒤 치맛자락의 시접분에 M.
※ M은 '오버로크를 친다'는 뜻.

● **만드는 순서**
1. 앞뒤 허리 다트를 박는다(72쪽 참고).
2. 뒤 중심을 박고 파스너를 단다(67쪽 참고).
3. 옆을 박는다(시접은 2장 모두 M).
4. 허리 안단의 옆을 박고, 스커트와 겉을 맞대고 허리를 박는다(68쪽 참고).
5. 겉으로 뒤집고 안단을 안으로 집어넣어서 정리한다. 안단의 뒷단을 파스너에 고정하고 허리 주변을 박는다(68쪽 참고).
6. 치맛자락을 접어 올려서 안을 감친다.
7. 벤트가 끝나는 부분에 박음질을 하고 밑덧단, 안단이 벌어지지 않도록 시접을 감친다.
8. 후크를 단다.

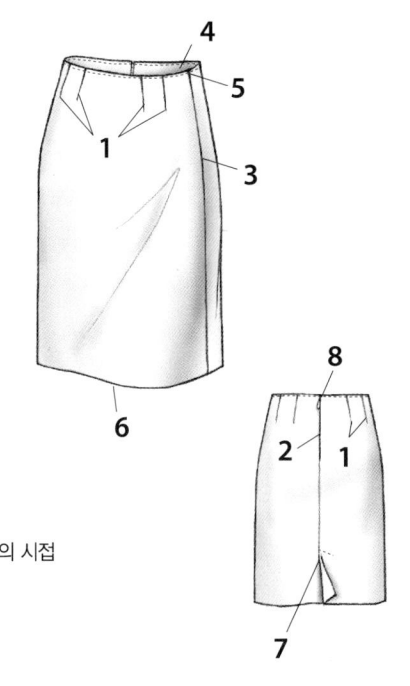

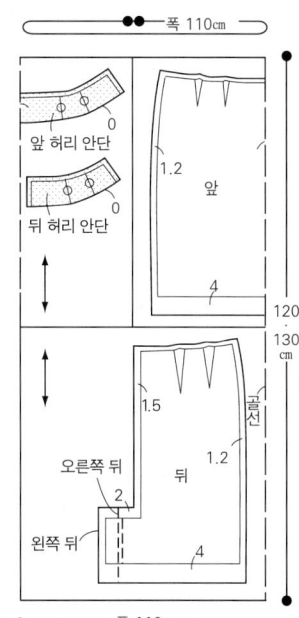

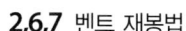

**2,6,7 벤트 재봉법**

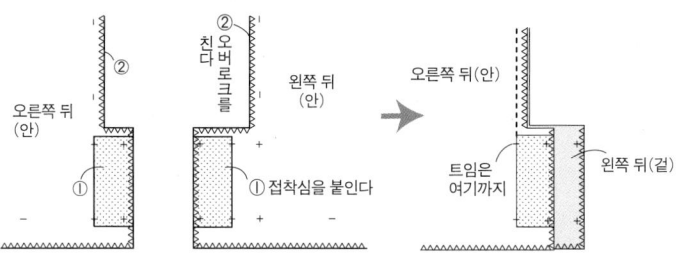

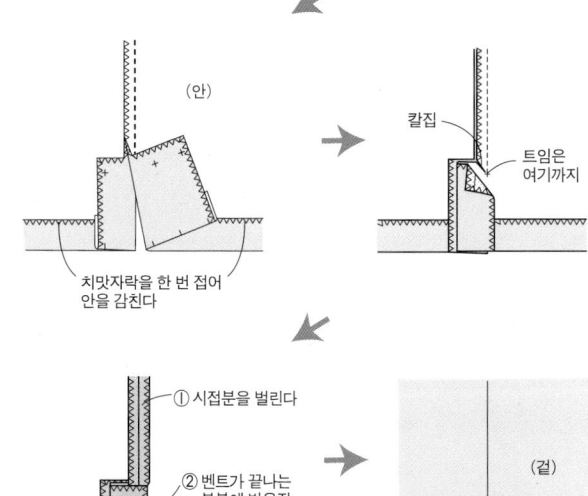

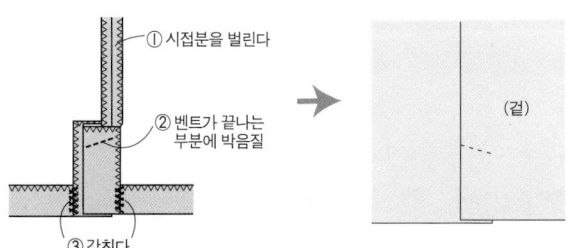

# TIGHT SKIRT
**Style7** 타이트 스커트

7쪽

- **필요한 패턴(뒷면)**

뒤, 뒤 옆, 앞, 앞 옆, 뒤 허리 안단, 앞 허리 안단, 주머니 천

- **재료**

겉감 = 폭 110cm
(S, M) 1m 40cm
(ML, L) 1m 50cm
접착심 = 90cm 폭 35cm
컨실 파스너 22cm 1개
스프링 후크 1쌍

- **준비**

앞뒤 허리 안단에 접착심을 붙인다.
앞뒤 허리 안단의 안, 앞뒤 옆의 시접분, 앞뒤 치맛자락의 시접분에 M.
※ M은 '오버로크를 친다'는 뜻.

- **만드는 순서**

1. 앞 옆에 주머니 천을 댄다.
2. 앞 옆과 앞, 뒤 옆과 뒤를 박는다(시접은 2장 모두 M).
3. 옆을 박고 파스너를 단다.
4. 허리 안단의 오른쪽 옆을 박고, 스커트와 겉을 맞대고 허리를 박는다(68쪽 참고).
5. 겉으로 뒤집고 안단을 안으로 집어넣어서 정리한다. 안단의 왼쪽 옆단을 파스너에 고정하고 허리 주변을 박는다(68쪽 참고).
6. 치맛자락을 접어 올려서 안을 감친다.
7. 후크를 단다.

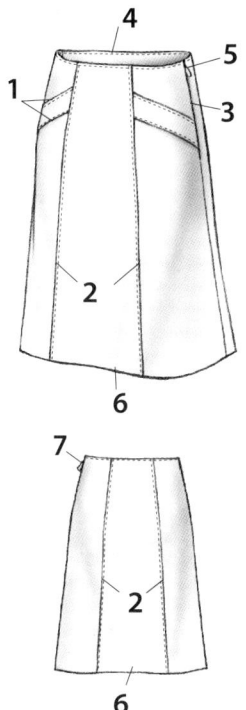

### 3 파스너 다는 방법

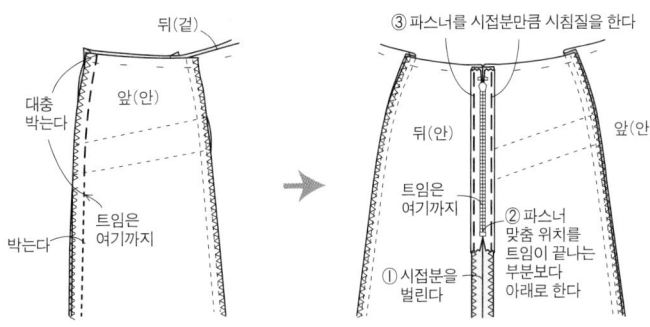

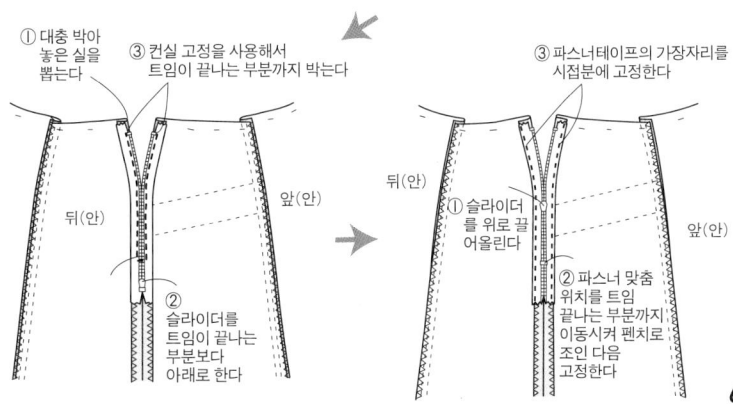

# TIGHT SKIRT

**Style7** 타이트 스커트

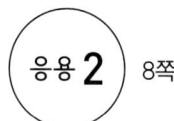 8쪽

● **필요한 패턴(뒷면)**

뒤, 앞, 뒤 허리 안단, 앞 허리 안단

● **재료**

겉감 = 폭 110cm
(S, M) 1m 40cm
(ML, L) 1m 50cm
접착심 = 90cm 폭 35cm
컨실 파스너 22cm 1개
스프링 후크 1쌍

● **준비**

앞뒤 허리 안단에 접착심을 붙인다.
앞뒤 허리 안단의 안, 앞뒤 옆의 시접분, 앞뒤 치맛자락의 시접분에 M.
※ M은 '오버로크를 친다'는 뜻.

● **만드는 순서**

1. 앞뒤 치맛자락을 접어 올려서 주름을 접어 박는다.
2. 옆을 박고 파스너를 단다(67쪽 참고).
3. 허리 안단의 오른쪽 옆을 박고 스커트와 겉을 맞대고 허리를 박는다.
4. 겉으로 뒤집고 안단을 안으로 집어넣어서 정리한다. 안단의 왼쪽 옆단을 파스너에 감친다.
5. 치맛자락의 안을 감친다.
6. 후크를 단다.

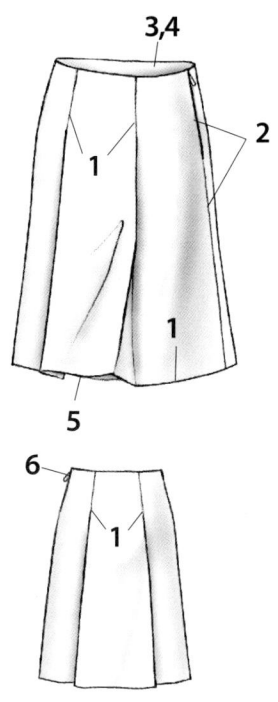

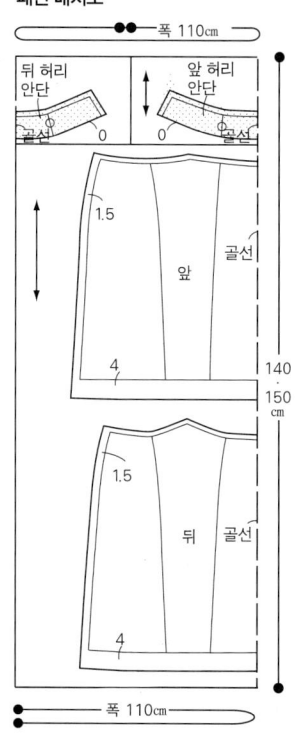

**3,4** 안단 재봉법과 허리 정리

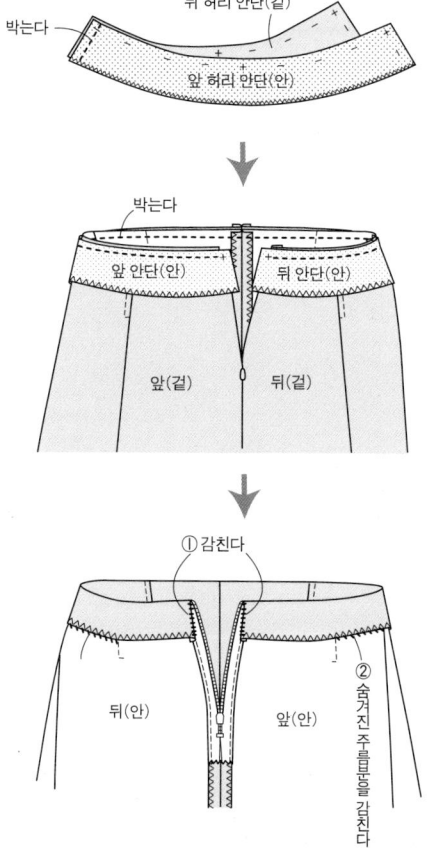

# TIGHT SKIRT

**Style7** 타이트 스커트

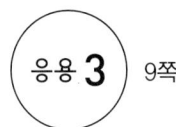  9쪽

● **필요한 패턴(뒷면)**

뒤, 앞, 뒤 옆, 앞 옆, 뒤 치맛자락, 앞 치맛자락, 뒤 허리 안단, 앞 허리 안단

● **재료**

겉감 = 폭 110cm
(S, M) 1m 40cm
(ML, L) 1m 50cm
접착심 = 90cm 폭 35cm
컨실 파스너 22cm 1개
스프링 후크 1쌍

● **준비**

앞뒤 허리 안단에 접착심을 붙인다.
앞뒤 허리 안단의 안, 앞뒤 옆과 이어지는 시접분에 M.
※ M은 '오버로크를 친다'는 뜻.

● **만드는 순서**

1. 앞 옆과 앞, 뒤 옆과 뒤를 박는다(시접분은 벌린다).
2. 옆을 박고 파스너를 단다(67쪽 참고).
3. 허리 안단의 오른쪽 옆을 박고 스커트와 겉을 맞대고 허리를 박는다.
4. 겉으로 뒤집고 안단을 안으로 집어넣어서 정리한다. 안단의 왼쪽 옆단을 파스너에 감친다.
5. 치맛자락 천을 박고 스티치를 놓은 다음 박음질해서 단다(시접분은 3장 모두 M).
6. 후크를 단다.

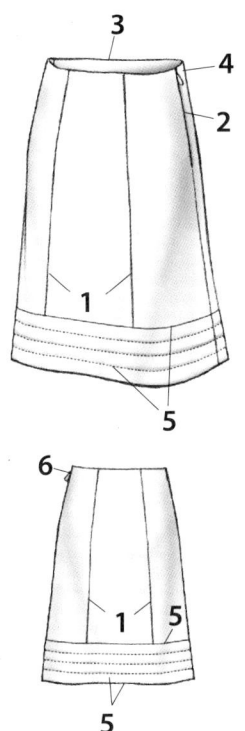

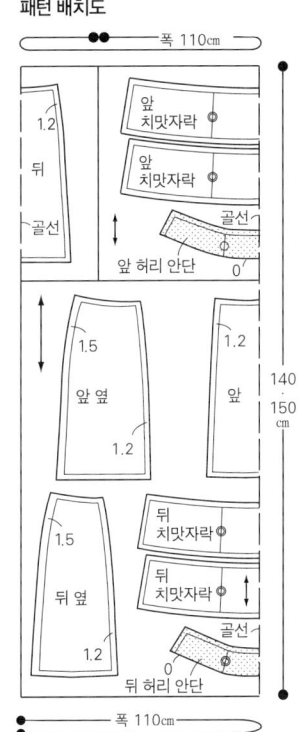

패턴 배치도

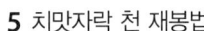

### 5 치맛자락 천 재봉법

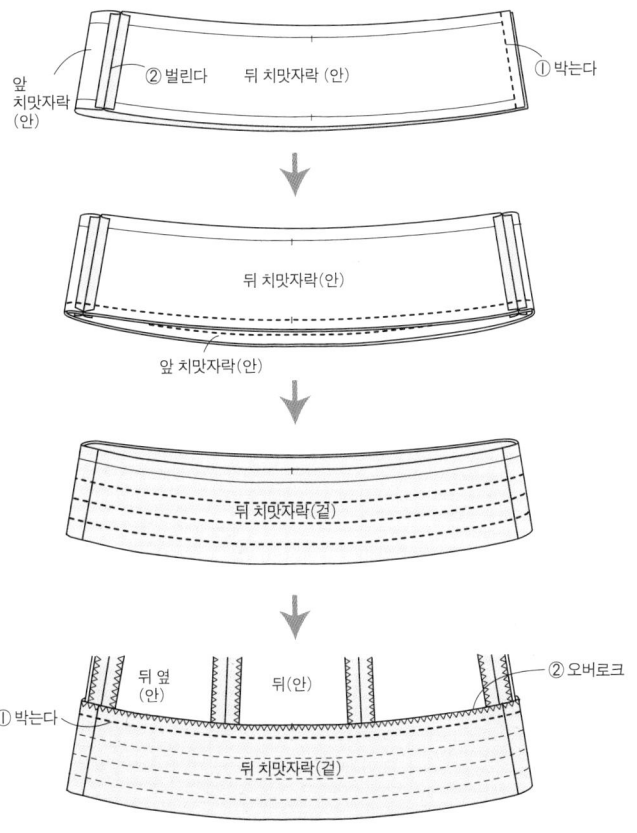

# WRAPPED SKIRT

**Style8** 랩 스커트

 12쪽

● **필요한 패턴(뒷면)**
뒤, 앞, 앞 안단, 뒤 허리 안단, 앞 허리 안단

● **재료**
겉감 = 폭 110cm
(S, M) 1m 40cm
(ML, L) 1m 50cm
접착심 = 90cm 폭 60cm
직경 1.5cm 단추 2개

● **준비**
앞 안단, 앞뒤 허리 안단에 접착심을 붙인다.
앞 안단, 앞뒤 허리 안단의 안에 M.
※ M은 '오버로크를 친다'는 뜻.

● **만드는 순서**
1 앞뒤 허리 다트를 박는다(72쪽 참고).
2 옆을 박는다(시접분은 2장 모두 M).
3 허리 안단의 옆을 박는다.
4 앞 안단과 허리 안단을 스커트와 겉을 맞대고 허리와 앞단을 박는다.
5 겉으로 뒤집고 안단을 약간 안으로 집어넣어서 정리한다.
6 치맛자락을 두 번 접고 앞단, 허리, 치맛자락을 박는다.
7 단춧구멍을 만들고 단추를 단다.

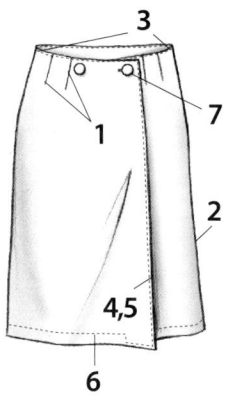
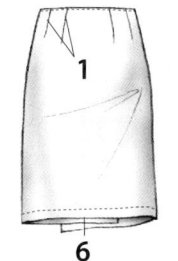
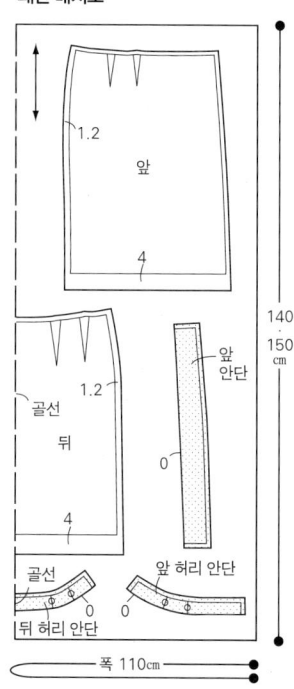

### 3~7 의 재봉법

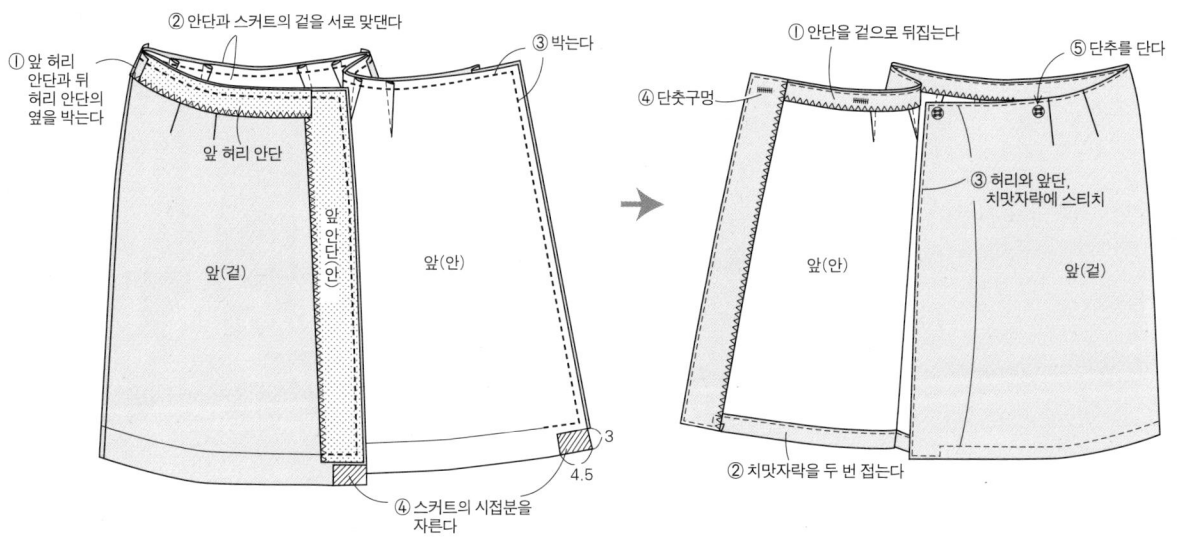

# WRAPPED SKIRT

**Style8** 랩 스커트

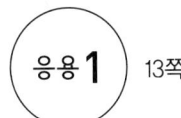  13쪽

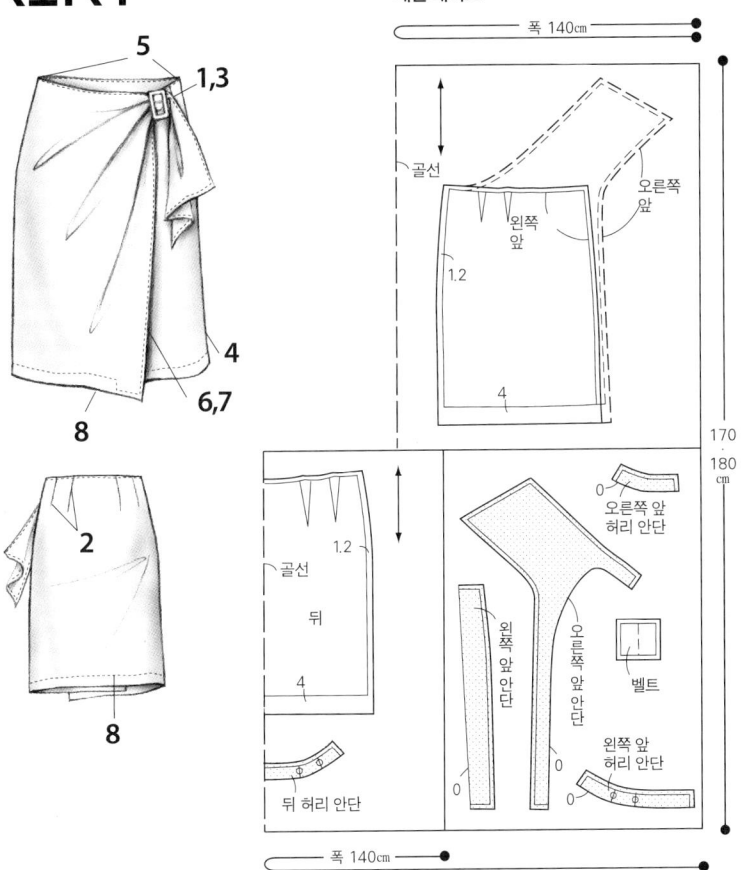

● **필요한 패턴(뒷면)**

뒤, 오른쪽 앞, 왼쪽 앞, 오른쪽 앞 안단, 왼쪽 앞 안단, 오른쪽 앞 허리 안단, 왼쪽 앞 허리 안단, 벨트, 뒤 허리 안단

● **재료**

겉감 = 폭 140cm
(S, M) 1m 70cm
(ML, L) 1m 80cm
접착심 = 90cm 폭 85cm
직경 1.5cm 단추 1개
버클(안지름 4×2.5cm) 1개

● **준비**

앞 안단, 앞뒤 허리 안단에 접착심을 붙인다.
앞 안단, 앞뒤 허리 안단의 안에 M.
※ M은 '오버로크를 친다'는 뜻.

● **만드는 순서**

1. 벨트를 만든다.
2. 뒤 허리 다트를 박는다(72쪽 참고).
3. 왼쪽 앞 허리 다트를 박는다(옆쪽은 벨트를 다는 위치에 벨트를 끼워서 다트를 박는다).
4. 옆을 박는다(시접분은 2장 모두 M).
5. 허리 안단을 박는다.
6. 앞 안단과 허리 안단을 스커트와 겉을 맞대고 허리와 앞단을 박는다.
7. 겉으로 뒤집고 안단을 안으로 집어넣어서 정리한다.
8. 치맛자락을 두 번 접고 앞단, 허리, 치맛자락을 박는다.
9. 단춧구멍을 만들고 단추를 단다.

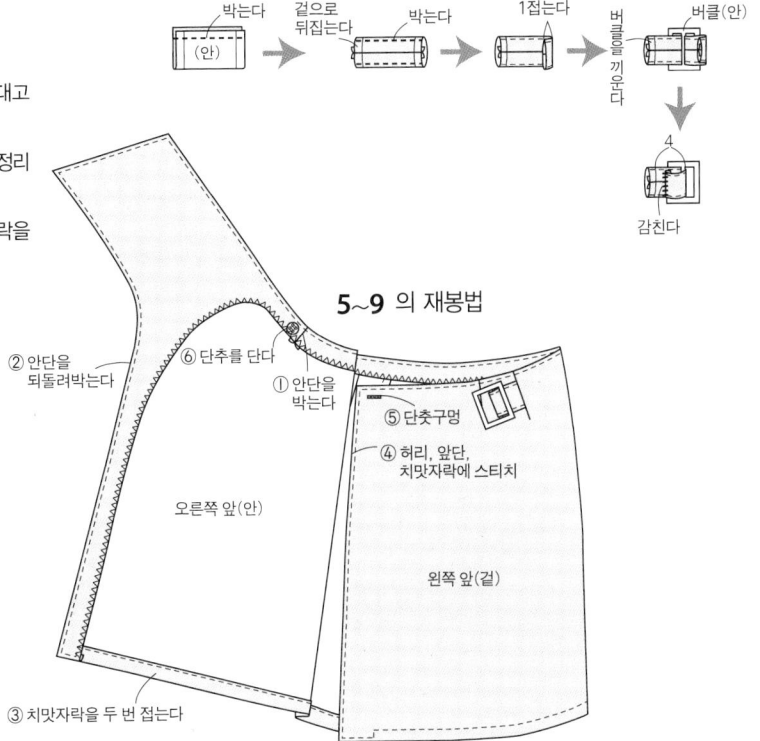

# WRAPPED SKIRT

**Style8** 랩 스커트

 14쪽

● **필요한 패턴(뒷면)**
뒤, 앞, 뒤 허리 안단, 앞 안단, 앞 허리 안단, 새시 벨트

● **재료**
겉감 = 폭 140cm
(S, M) 1m 40cm
(ML, L) 1m 50cm
접착심 = 90cm 폭 60cm

● **준비**
앞 안단, 앞뒤 허리 안단에 접착심을 붙인다.
앞 안단, 앞뒤 허리 안단의 안, 앞뒤 스커트의 옆 시접분에 M.
※ M은 '오버로크를 친다'는 뜻.

● **만드는 순서**
1. 앞뒤 허리 다트를 박는다.
2. 옆을 박는다.
3. 허리 안단의 옆을 박는다.
4. 새시 벨트의 세 변을 두 번 접어서 박고 스커트에 다는 쪽 턱을 접는다.
5. 앞 안단과 허리 안단을 스커트와 겉을 맞대고 새시 벨트를 끼운 다음 허리와 앞단을 박는다(70쪽 참고).
6. 겉으로 뒤집고 안단을 안으로 집어넣어서 정리한다.
7. 치맛자락을 두 번 접고 앞단, 허리, 치맛자락을 박는다.

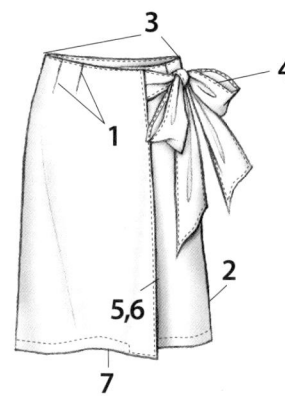

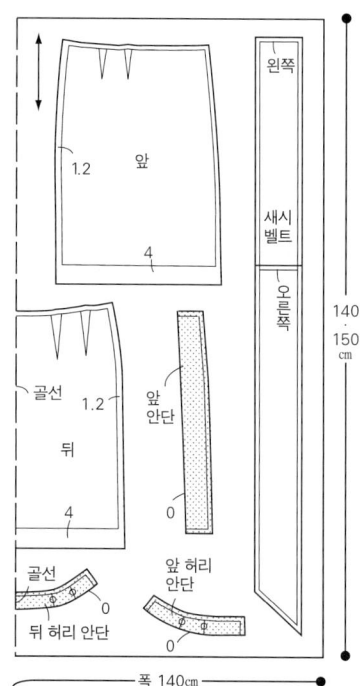

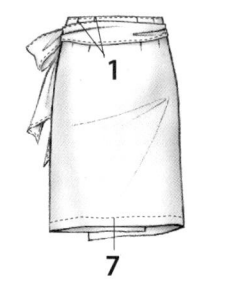

### 1 허리 다트 재봉법

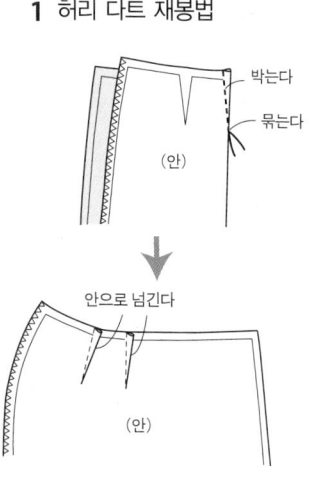

### 4~7 의 재봉법

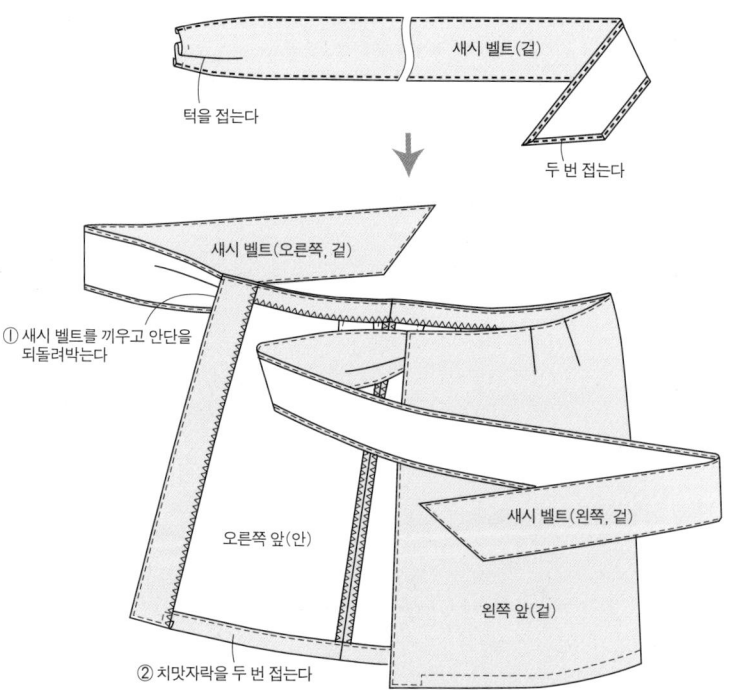

# WRAPPED SKIRT
**Style8** 랩 스커트

  15쪽

● **필요한 패턴(뒷면)**
뒤, 앞, 앞 안단, 뒤 바대, 앞 바대, 주머니

● **재료**
겉감 = 폭 110cm
(S, M) 1m 40cm
(ML, L) 1m 50cm
접착심 = 90cm 폭 60cm

● **준비**
앞뒤 바대, 앞 안단에 접착심을 붙인다.
앞뒤 스커트의 옆 시접분, 앞 안단, 앞뒤 허리 안단의 안에 M.
※ M은 '오버로크를 친다'는 뜻.

● **만드는 순서**
1  뒤 허리 다트를 박는다(72쪽 참고).
2  주머니를 만들어 단다.
3  앞뒤 스커트의 옆을 박는다(시접분은 벌린다).
4  앞 스커트와 앞 안단은 겉을 맞대고 박는다.
5  겉으로 뒤집고 안단을 안으로 집어넣어서 정리한다.
6  바깥쪽 앞뒤 바대, 안쪽 앞뒤 바대의 옆을 각각 박는다(시접분은 벌린다).
7  바깥쪽 바대와 스커트는 겉을 맞대고 박는다(시접분은 바대 쪽으로 넘긴다).
8  바깥쪽 바대와 안쪽 바대는 겉을 맞대고, 허리와 앞단을 되돌려박아서 스티치를 놓는다.
9  치맛자락을 접어 올리고 안을 감친다.
10 단춧구멍을 만들고 단추를 단다.

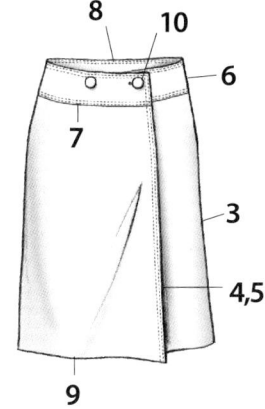

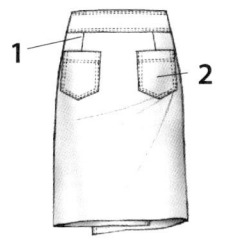

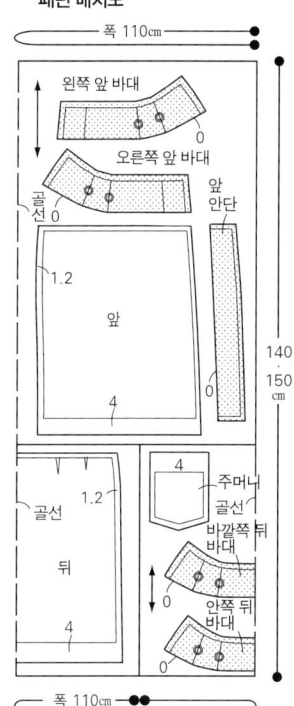

패턴 배치도

4~9 의 재봉법

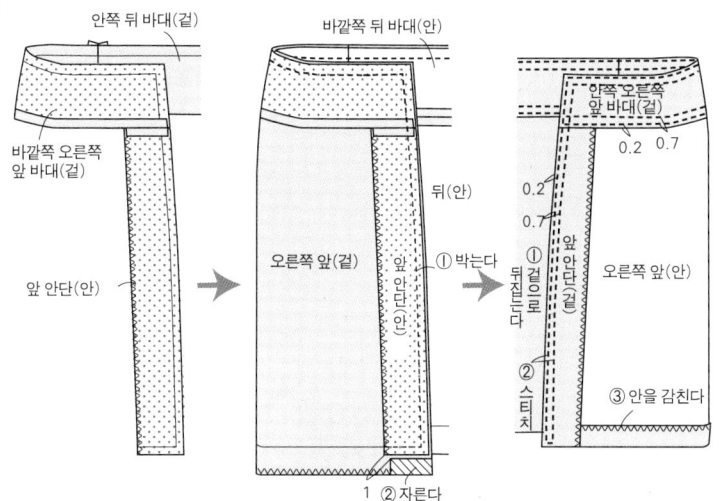

# GATHER SKIRT

**Style9** 주름 스커트

18쪽

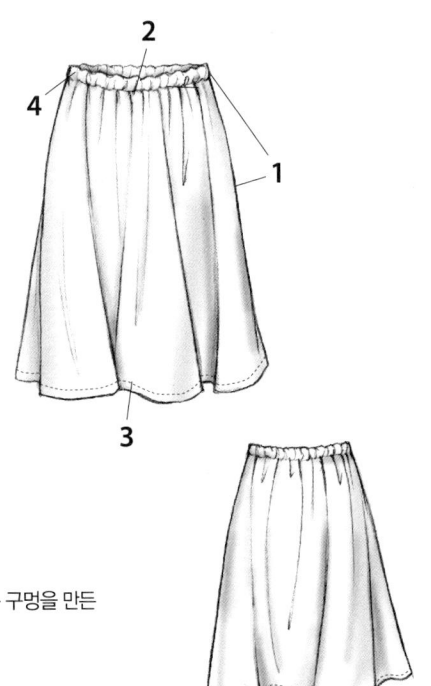

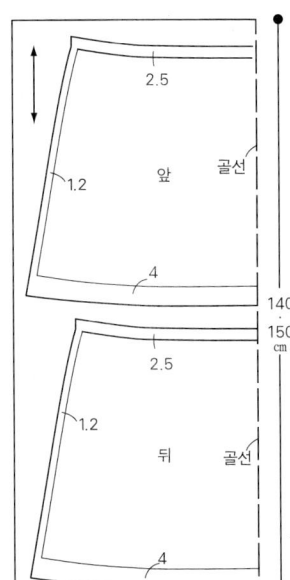

패턴 배치도

● **필요한 패턴(뒷면)**
앞뒤

● **재료**
겉감 = 폭 110cm
(S, M) 1m 40cm
(ML, L) 1m 60cm
고무테이프 = 1.5cm 폭 80cm

● **준비**
앞뒤 허리 시접분에 M.
※ M은 '오버로크를 친다'는 뜻.

● **만드는 순서**
1. 옆을 박고 왼쪽 옆에 고무테이프를 끼우는 구멍을 만든다(시접분은 2장 모두 M).
2. 허리를 한 번 접어서 박는다.
3. 치맛자락을 두 번 접어서 박는다.
4. 허리에 고무테이프를 끼운다.

**1,2** 고무테이프 끼우는 구멍 재봉법

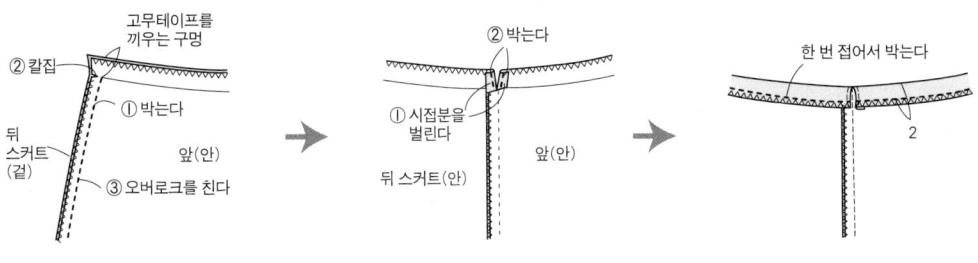

## 응용 1

**2** 맞춤 표시 하는 방법

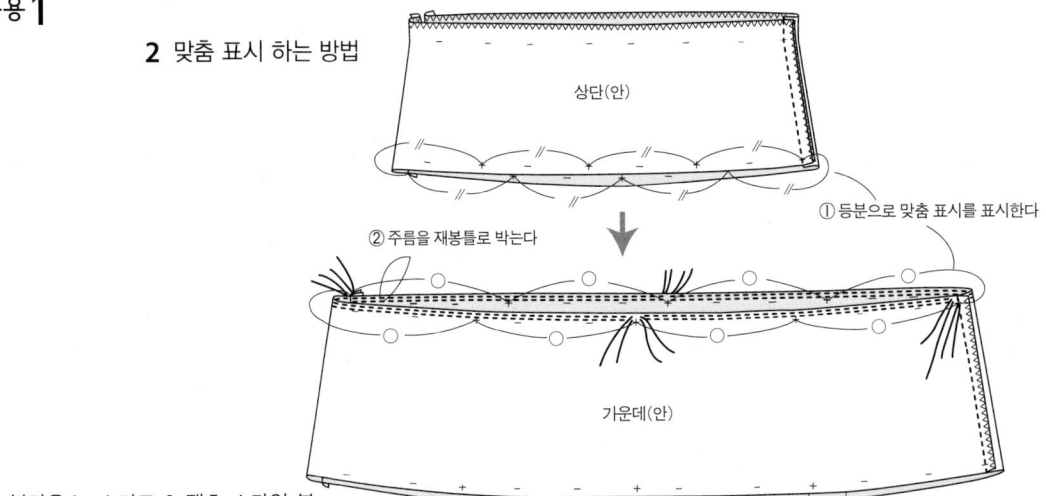

# GATHER SKIRT

**Style9** 주름 스커트

**응용 1** 19쪽

● **필요한 패턴(뒷면)**
상단, 가운데, 하단

● **재료**
겉감 = 폭 110cm
(S, M) 2m 80cm
(ML, L) 3m
고무테이프 = 1.5cm 폭 80cm

● **준비**
앞뒤 허리 시접분에 M.
※ M은 '오버로크를 친다'는 뜻.

● **만드는 순서**

1. 상단, 가운데, 하단의 옆을 각각 박고 상단에만 왼쪽 옆에 고무테이프를 끼우는 구멍을 만든다(시접분은 2장 모두 M).
2. 상단의 아래쪽, 가운데 위아래, 하단의 위쪽에 각각 맞춤 표시를 해 둔다(74쪽 참고).
3. 가운데 위쪽에 주름을 재봉틀로 박는다.
4. 상단과 가운데는 겉을 맞대고 맞춤 표시를 잘 맞춘 다음 재봉틀로 박은 주름의 실을 당겨서 주름을 규칙적으로 잡고 박는다(시접분은 2장 모두 M).
5. 시접분을 위쪽으로 넘기고 박음질 스티치를 넣는다.
6. 가운데와 같은 방법으로 하단을 단다.
7. 허리를 한 번 접어서 박는다.
8. 치맛자락을 두 번 접어서 박는다.
9. 허리에 고무테이프를 끼운다.

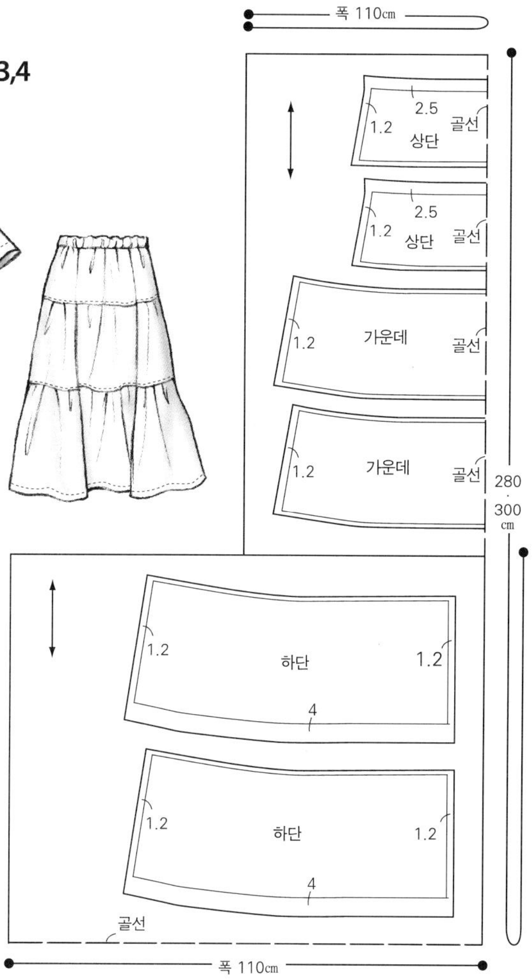

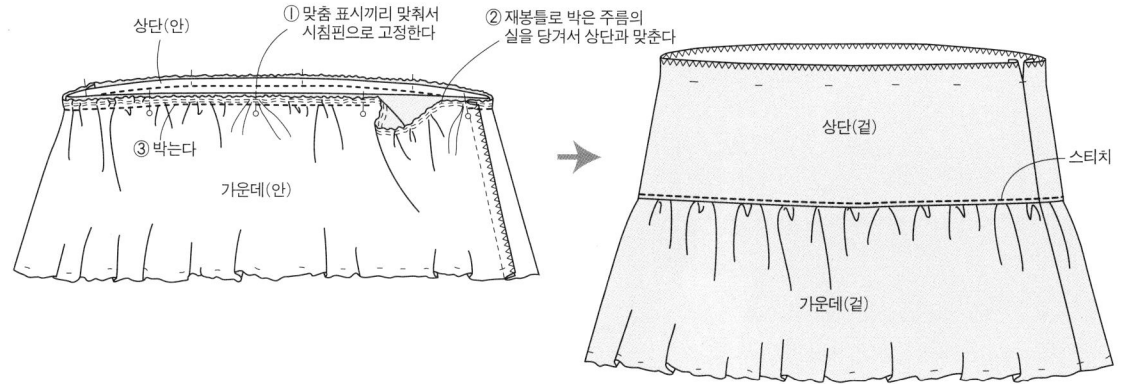

**3,4,5 주름 잡는 방법과 재봉법**

# GATHER SKIRT

**Style9** 주름 스커트

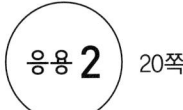
응용 2   20쪽

● 필요한 패턴(뒷면)
앞뒤, 안의 앞뒤

● 재료
겉감 = 폭 110cm
(S, M) 1m 40cm
(ML, L) 1m 50cm
안감 = 폭 110cm
(S, M) 1m
(ML, L) 1m 10cm
고무테이프 = 1.5cm 폭 80cm

● 준비
겉 앞뒤 허리 시접분에 M.
※ M은 '오버로크를 친다'는 뜻.

● 만드는 순서
1. 겉과 안 스커트의 옆을 각각 박고 겉 스커트만 왼쪽 옆에 고무테이프를 끼우는 구멍을 만든다(74쪽 참고).
2. 겉 스커트의 치맛자락에 주름을 재봉틀로 박는다.
3. 겉 스커트와 안 스커트는 겉을 맞대고 옆선을 약간 비껴서 맞춤 표시를 맞춘 다음 치맛자락을 박는다.
4. 겉으로 뒤집어서 겉 스커트와 안 스커트의 옆선을 맞추고 허리를 한 번 접어서 정리한다.
5. 허리에 고무테이프를 끼운다.

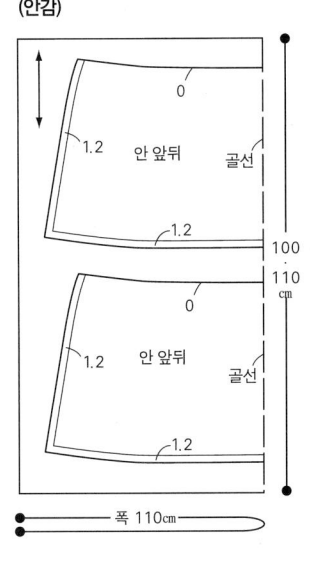

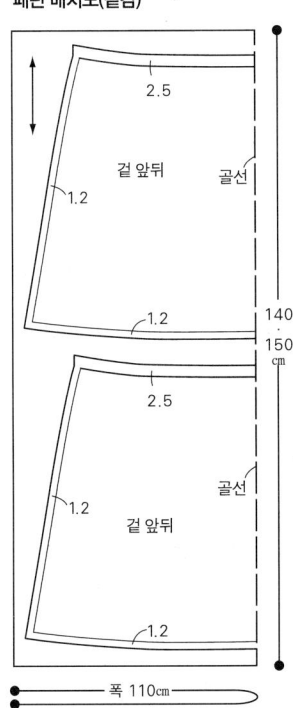

**2** 주름을 재봉틀로 박는 방법

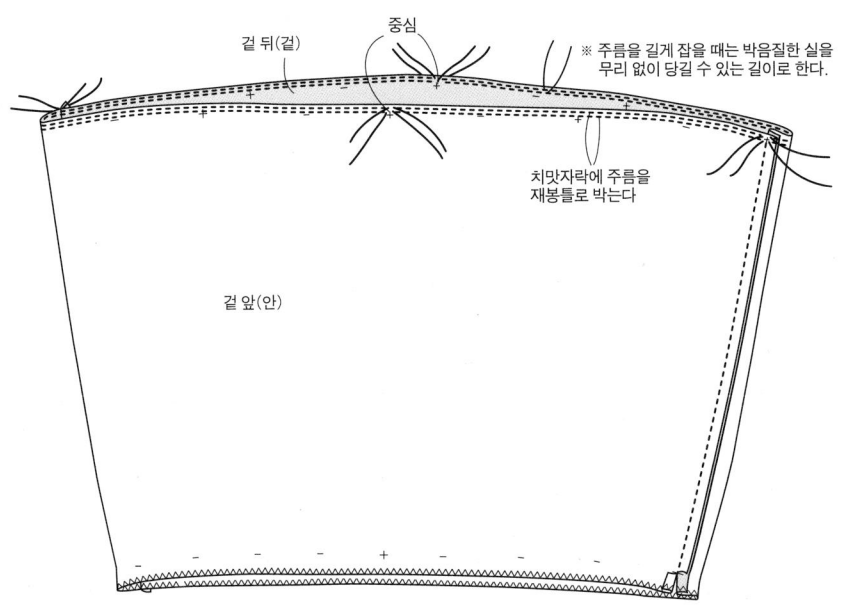

# GATHER SKIRT

**Style9** 주름 스커트

**응용 3** 21쪽

- ● 필요한 패턴(뒷면)
  앞뒤
- ● 재료
  겉감 = 폭 110cm
  (S, M) 1m 30cm
  (ML, L) 1m 50cm
  고무테이프 = 1.5cm 폭 80cm
- ● 준비
  앞뒤 허리 시접분에 M.
  ※ M은 '오버로크를 친다'는 뜻.

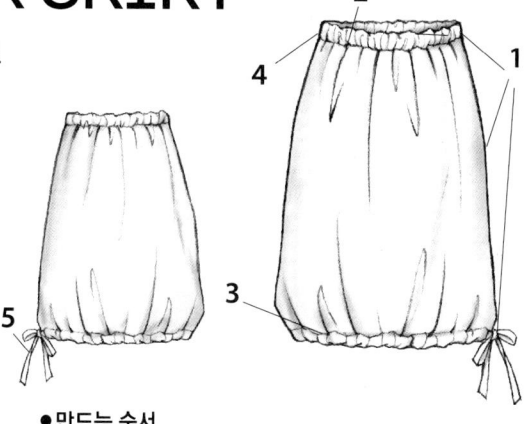
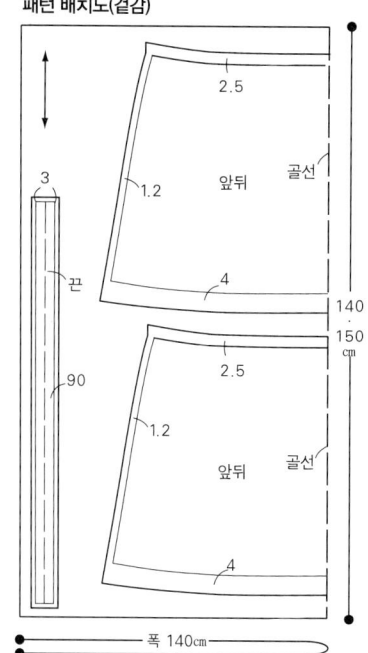

● 만드는 순서

1. 옆을 박고, 왼쪽 옆에 고무테이프 끼우는 구멍과 끈 끼우는 구멍을 만든다(시접분은 2장 모두 M) (74쪽 참고).
2. 허리를 한 번 접어서 박는다.
3. 치맛자락을 두 번 접어서 박는다.
4. 허리에 고무테이프를 끼운다.
5. 끈을 만들어 치맛자락에 끼운다.

**응용 2**

**3 치맛자락 재봉법**

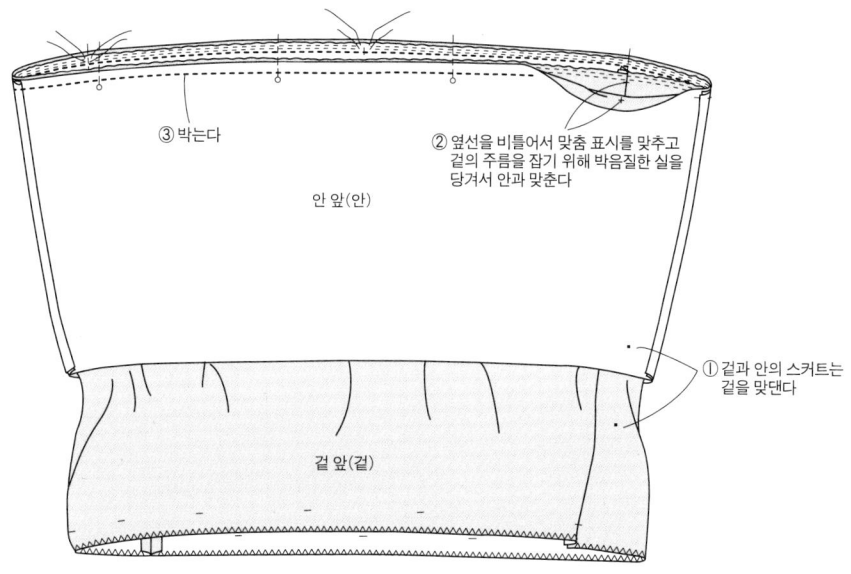

**4 허리 재봉법**

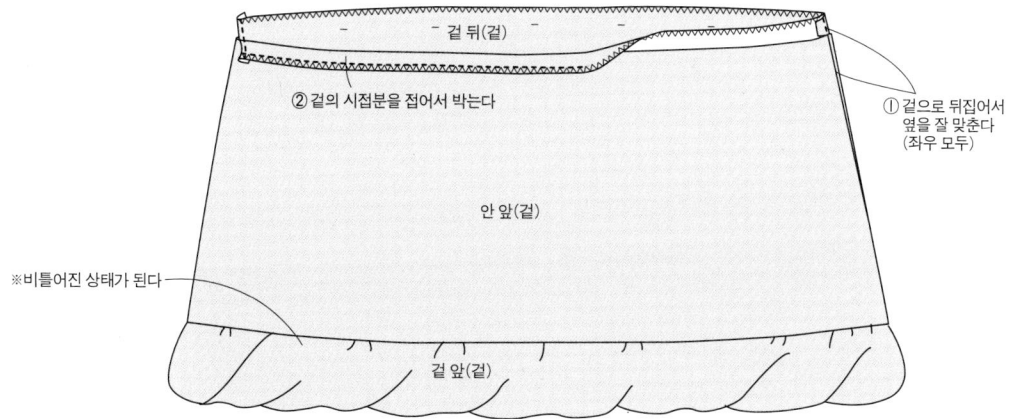

# WIDE PANTS

**Style10** 와이드 팬츠

 기본 24쪽

● 필요한 패턴(뒷면)

뒤, 앞, 뒤 벨트, 앞 벨트, 밑덧단, 안단

● 재료

겉감 = 폭 110cm
(S, M) 2m 50cm
(ML, L) 2m 60cm
접착심 = 90cm 폭 50cm
에프론(EFLON) 파스너 12cm 1개
갈고리 단추 1쌍

● 준비

앞뒤 벨트, 밑덧단, 안단에 접착심을 붙인다.
안단의 시접분, 앞뒤 안 벨트의 안 시접분, 앞뒤 바지의 옆,
가랑이 둘레, 밑아래길이, 바지자락의 시접분에 M.
※ M은 '오버로크를 친다'는 뜻.

● 만드는 순서

1 앞 턱을 접는다.
2 뒤 허리 다트를 박는다(72쪽 참고).
3 앞뒤 밑위길이를 각각 박는다(앞은 트임이 끝나는 부분까지).
4 앞트임에 안단과 밑덧단을 달고 파스너를 단다.
5 옆을 박는다.
6 밑아래길이를 박는다.
7 벨트를 만들고 단다(86쪽 참고).
8 벨트 고리를 만들고 단다(80쪽 참고).
9 바지자락을 접어 올려서 안을 감친다.
10 갈고리 단추를 단다.

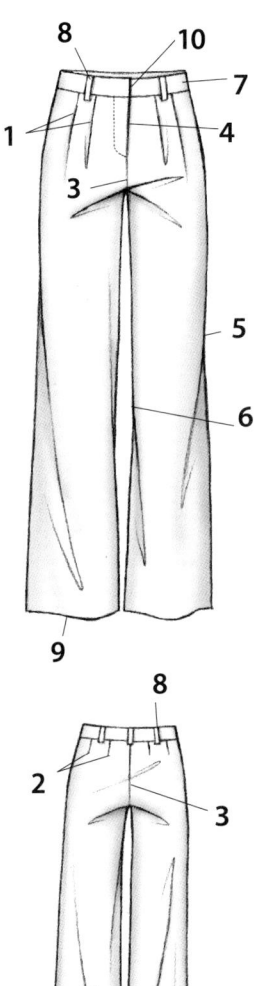

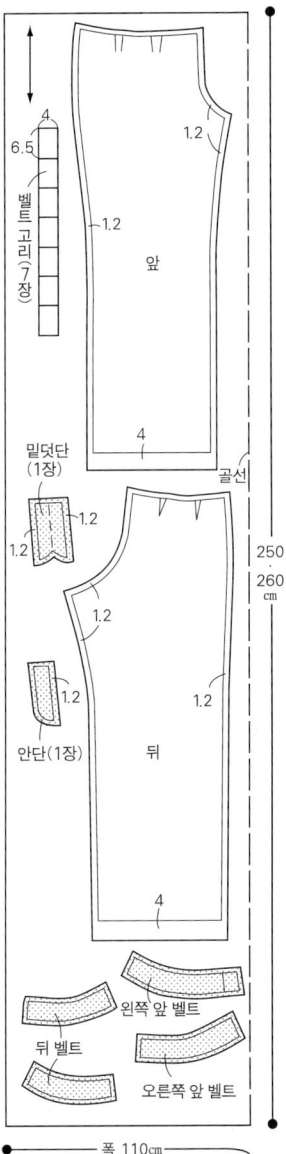

**3,4 가랑이 둘레와 앞트임 재봉법**

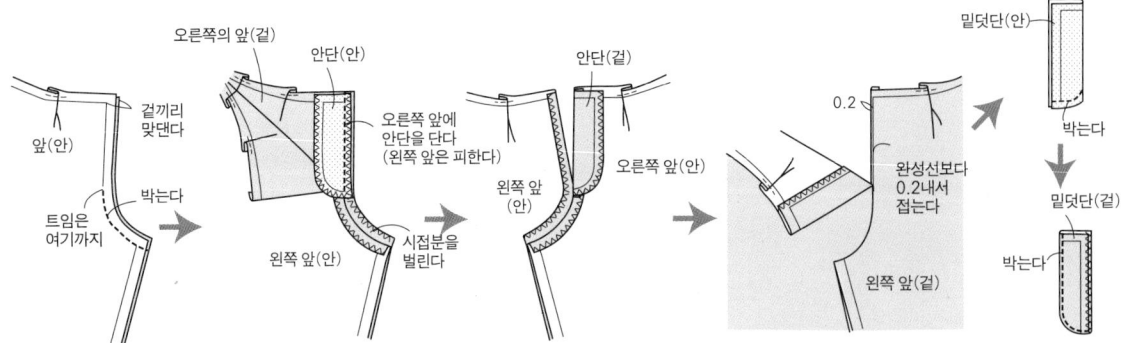

# WIDE PANTS

**Style10** 와이드 팬츠

응용 1 · 25쪽

● **필요한 패턴(뒷면)**
뒤, 앞, 뒤 벨트, 앞 벨트, 주머니, 플랩, 밑덧단, 안단

● **재료**
겉감 = 폭 110cm
(S, M) 2m
(ML, L) 2m 20cm
접착심 = 90cm 폭 60cm
에프런(EFLON) 파스너 12cm 1개
갈고리 단추 1쌍

● **준비**
앞뒤 벨트, 밑덧단, 안단, 플랩에 접착심을 붙인다.
안단의 시접분, 앞뒤 안 벨트의 안 시접분, 주머니 시접분, 앞뒤 바지 옆, 가랑이 둘레, 밑아래길이, 바지자락의 시접분에 M.
※ M은 '오버로크를 친다'는 뜻.

● **만드는 순서**
1. 앞 턱을 접는다.
2. 뒤 허리 다트를 박는다(72쪽 참고).
3. 옆을 박는다.
4. 플랩과 주머니를 만들고 단다(81쪽 참고).
5. 앞뒤 밑위길이를 각각 박는다(앞은 트임이 끝나는 부분까지).
6. 앞트임에 안단과 밑덧단을 달고 파스너를 단다.
7. 밑아래길이를 박는다.
8. 벨트를 만들고 단다(86쪽 참고).
9. 벨트 고리를 만들고 단다(80쪽 참고).
10. 바지자락을 접어 올려서 안을 감친다.
11. 갈고리 단추를 단다.

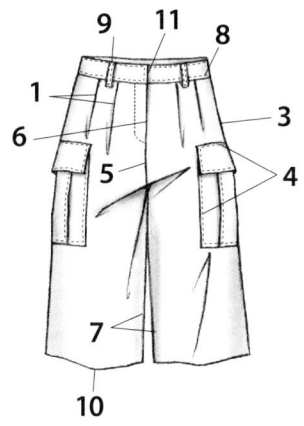

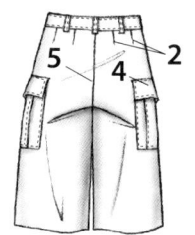

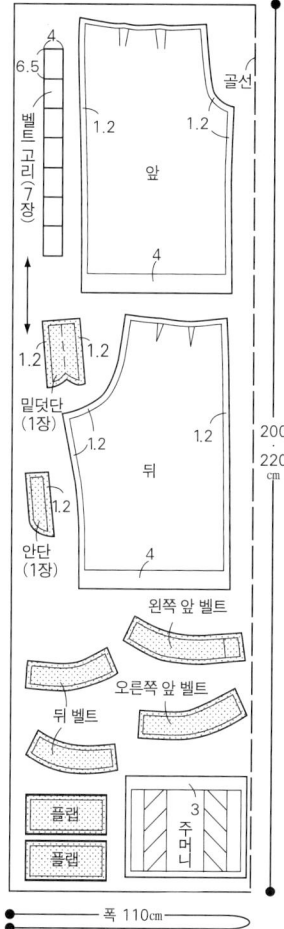

## 6 파스너 다는 방법

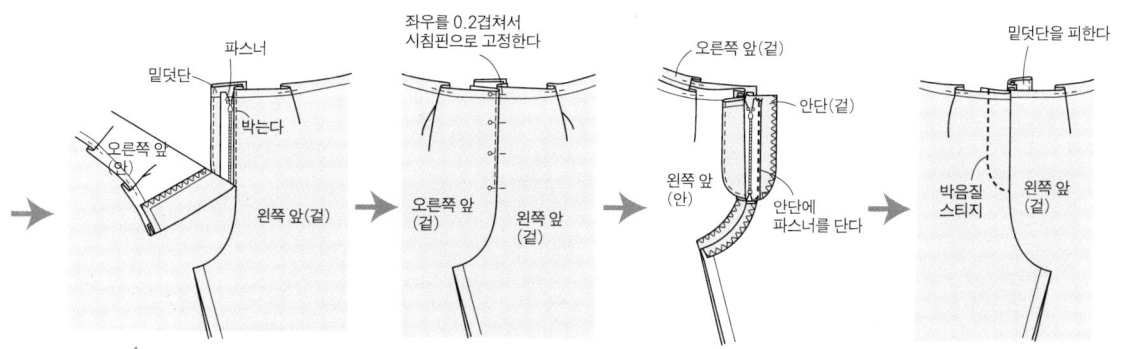

# WIDE PANTS
**Style10** 와이드 팬츠

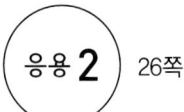
26쪽

● **필요한 패턴(뒷면)**
뒤, 앞

● **재료**
겉감 = 폭 110cm
(S, M) 2m 50cm
(ML, L) 2m 70cm
고무테이프 = 2cm 폭 80cm

● **준비**
앞뒤 바지의 허리, 가랑이 둘레, 밑아래길이, 바지자락의 시접분에 M.
※ M은 '오버로크를 친다'는 뜻.

● **만드는 순서**
1. 앞뒤 가랑이 둘레를 각각 박는다.
2. 옆을 박고 왼쪽 옆에 고무테이프를 끼우는 구멍을 만든다(시접분은 2장 모두 M)(74쪽 참고).
3. 밑아래길이를 박는다.
4. 허리를 한 번 접어서 박는다.
5. 바지자락을 접어 올려서 안을 감친다.
6. 허리에 고무테이프를 끼운다.

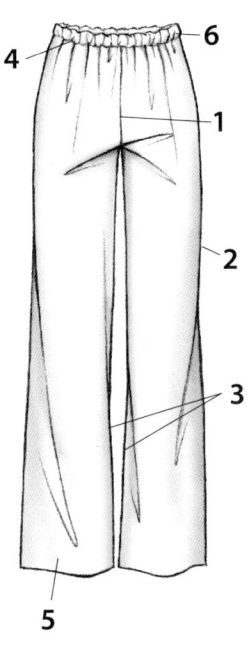

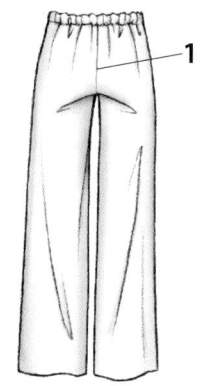

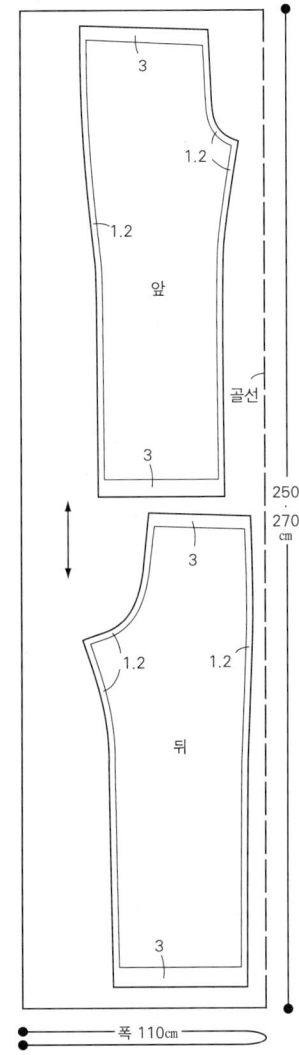

응용 **3**  8 벨트 고리 다는 방법

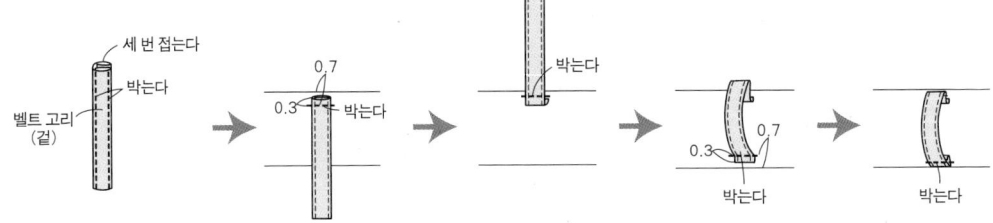

# WIDE PANTS

**Style10** 와이드 팬츠

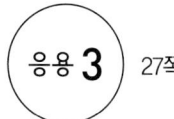  27쪽

● **필요한 패턴(뒷면)**

뒤, 앞, 뒤 벨트, 앞 벨트, 주머니, 플랩, 밑덧단, 안단, 바지자락 커프스

● **재료**

겉감 = 폭 110cm
(S, M) 2m
(ML, L) 2m 20cm
다른 천(신축성 소재) = 90cm 폭 40cm
접착심 = 90cm 폭 60cm
에프런(EFLON) 파스너 12cm 1개
갈고리 단추 1쌍

● **준비**

앞뒤 벨트, 밑덧단, 안단, 플랩에 접착심을 붙인다.
안단의 시접분, 앞뒤 안 벨트의 안 시접분, 주머니 시접분, 앞뒤 바지 옆, 가랑이 둘레, 밑아래길이의 시접분에 M.

※ M은 '오버로크를 친다'는 뜻.

● **만드는 순서**

1. 앞 턱을 접는다.
2. 뒤 허리 다트를 박는다(72쪽 참고).
3. 옆을 박는다.
4. 플랩과 주머니를 만들고 단다.
5. 앞뒤 가랑이 둘레를 각각 박는다(앞은 트임이 끝나는 부분까지).
6. 앞트임에 안단과 밑덧단을 달고 파스너를 단다.
7. 밑아래길이를 박는다.
8. 벨트를 만들고 단다(86쪽 참고).
9. 벨트 고리를 만들고 단다(80쪽 참고).
10. 바지자락의 커프스를 박고 단다(3장을 모두 M)(58쪽 참고).
11. 갈고리 단추를 단다.

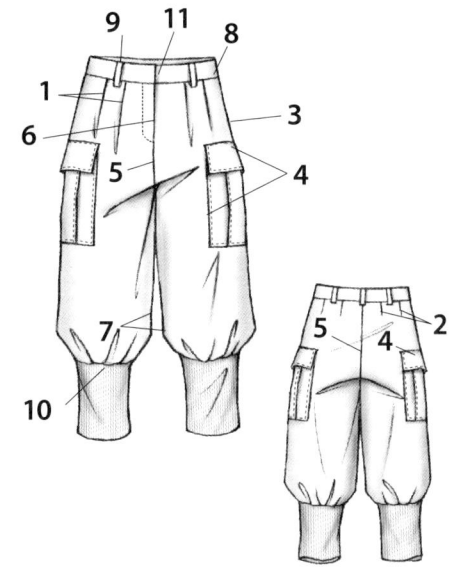

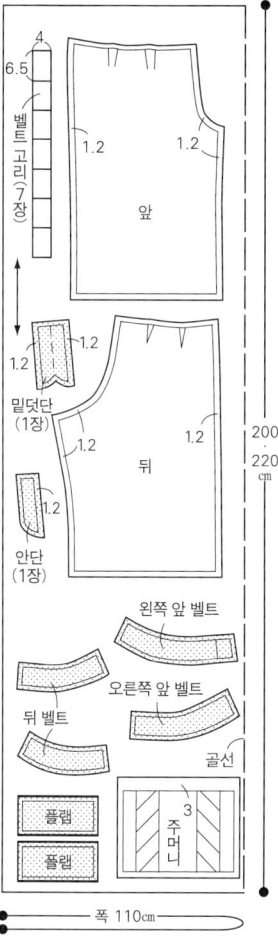

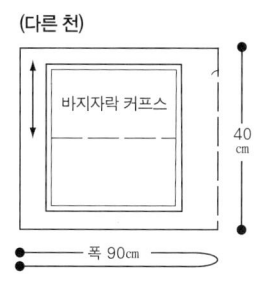

(다른 천)

**4 플랩과 주머니를 만들고 단다**

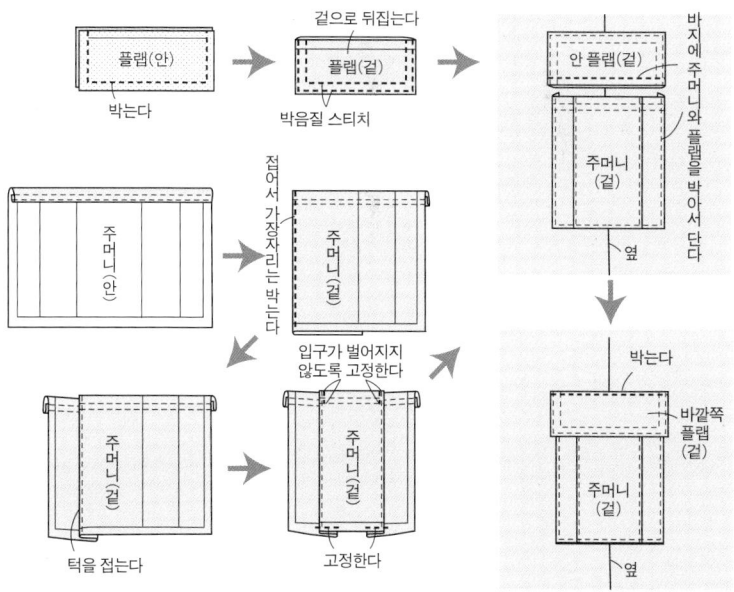

# TIGHT STRAIGHT PANTS

**Style11** 타이트 스트레이트 팬츠

 30쪽

● **필요한 패턴(뒷면)**
뒤, 앞, 뒤 허리 안단, 앞 허리 안단, 밑덧단, 안단

● **재료**
겉감 = 폭 110cm
(S, M) 2m 20cm
(ML, L) 2m 40cm
접착심 = 90cm 폭 50cm
에프런(EFLON) 파스너 17cm 1개
갈고리 단추 1쌍

● **준비**
앞뒤 허리 안단, 밑덧단, 안단에 접착심을 붙인다.
안단의 시접분, 앞뒤 허리 안단의 안, 앞뒤 바지의 옆, 가랑이 둘레, 밑아래길이, 바지자락의 시접분에 M.
※ M은 '오버로크를 친다'는 뜻.

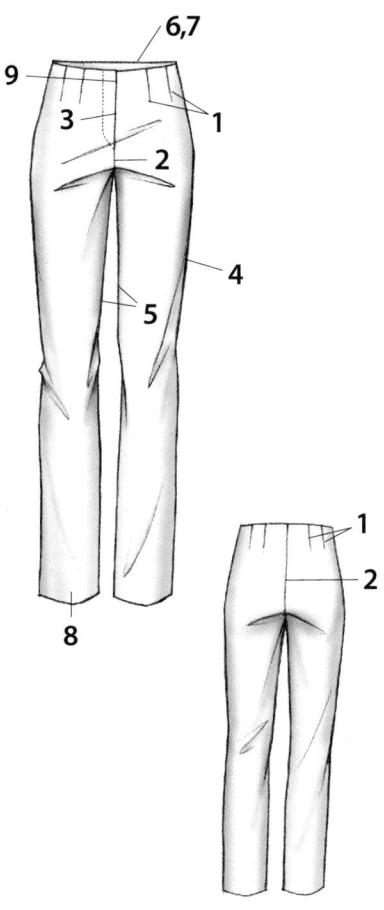

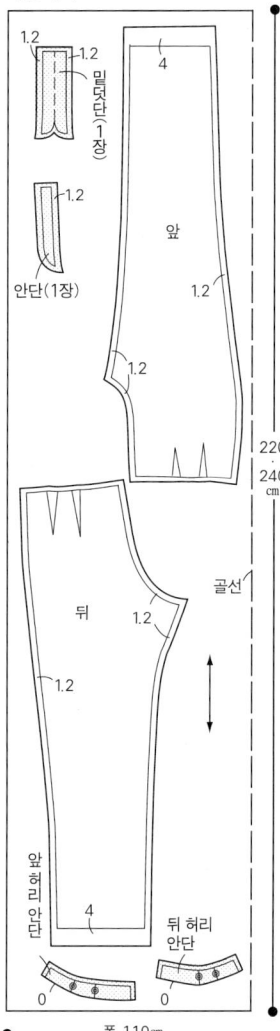

● **만드는 순서**
1. 앞뒤 허리 다트를 박는다(72쪽 참고).
2. 앞뒤 가랑이 둘레를 각각 박는다(앞은 트임이 끝나는 부분까지).
3. 앞트임에 안단과 밑덧단을 달고 파스너를 단다(78쪽 참고).
4. 옆을 박는다.
5. 밑아래길이를 박는다.
6. 허리 안단의 뒤 중심과 옆을 박고 허리에 단다.
7. 겉으로 뒤집고 안단을 안으로 집어넣어서 정리한다.
8. 바지자락을 접어 올리고 감친다.
9. 갈고리 단추를 붙인다.

**3 트임 재봉법**

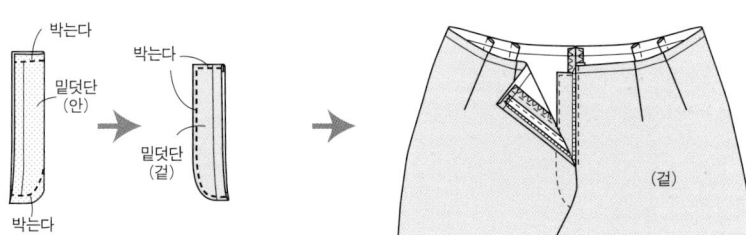

**6,7 허리 정리하는 방법**

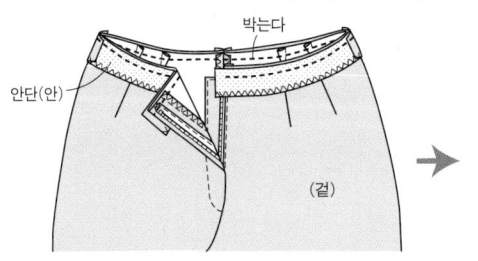
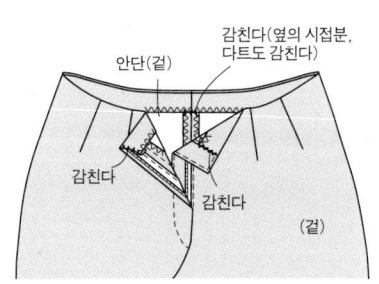

# TIGHT STRAIGHT PANTS

**Style11** 타이트 스트레이트 팬츠

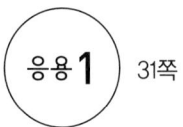응용 **1**  31쪽

● **필요한 패턴(뒷면)**

뒤, 앞, 뒤 허리 안단, 앞 허리 안단, 밑덧단, 안단

● **재료**

겉감 = 폭 110cm
(S, M) 1m 90cm
(ML, L) 2m 10cm
접착심 = 90cm 폭 50cm
에프런(EFLON) 파스너 17cm 1개
갈고리 단추 1쌍

● **준비**

앞뒤 허리 안단, 밑덧단, 안단에 접착심을 붙인다. 안단의 시접분, 앞뒤 허리 안단의 안, 앞뒤 바지의 옆, 가랑이 둘레, 밑아래길이, 바지자락의 시접분에 M.

※ M은 '오버로크를 친다'는 뜻.

● **만드는 순서**

1. 앞뒤 허리 다트를 박는다(72쪽 참고).
2. 앞뒤 가랑이 둘레를 각각 박는다(앞은 트임이 끝나는 부분까지).
3. 앞트임에 안단과 밑덧단을 달고 파스너를 단다(82쪽, 78쪽참고).
4. 옆을 박는다.
5. 밑아래길이를 박는다.
6. 허리 안단의 뒤 중심과 옆을 박고 허리에 단다(82쪽 참고).
7. 겉으로 뒤집고 안단을 안으로 집어넣어서 정리한다.
8. 슬릿 트임과 바지자락을 접고 감친다(모서리는 액자접기를 한다).
9. 갈고리 단추를 붙인다.

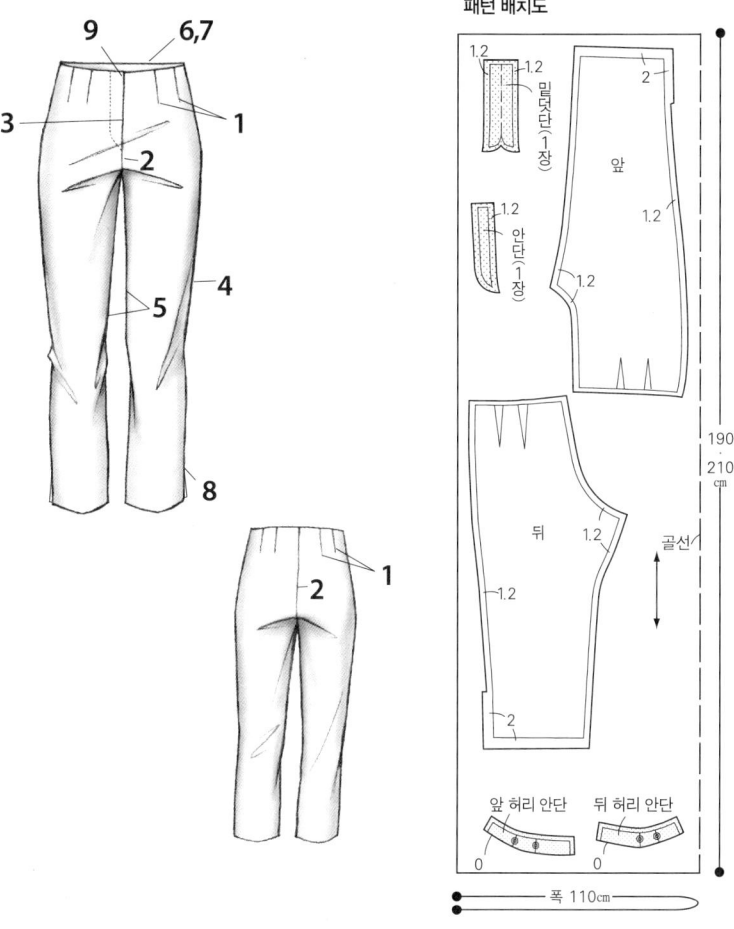

**8** 슬릿 트임 재봉법

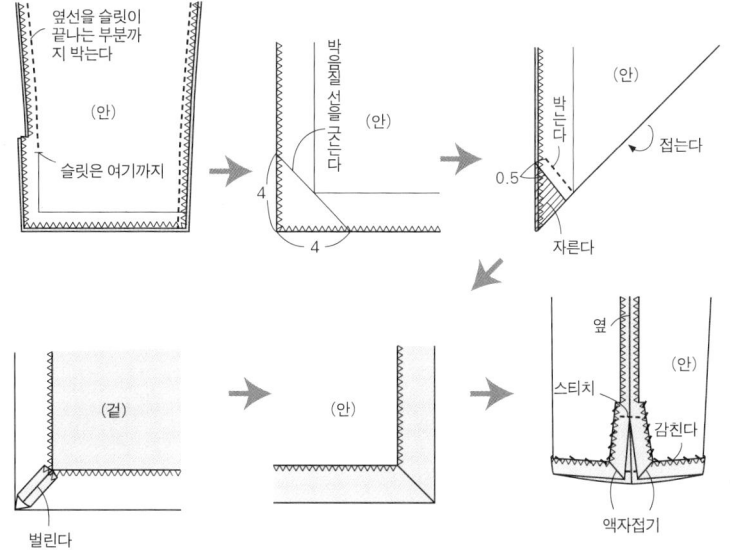

# TIGHT STRAIGHT PANTS

**Style11** 타이트 스트레이트 팬츠

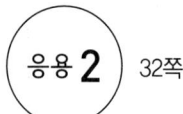  32쪽

● **필요한 패턴(뒷면)**
뒤, 앞, 뒤 허리 안단, 앞 허리 안단, 밑덧단, 안단

● **재료**
겉감 = 폭 110cm
(S, M) 1m 50cm
(ML, L) 1m 60cm
접착심 = 90cm 폭 50cm
에프런(EFLON) 파스너 17cm 1개
갈고리 단추 1쌍

● **준비**
앞뒤 허리 안단, 밑덧단, 안단에 접착심을 붙인다.
안단의 시접분, 앞뒤 허리 안단의 안, 앞뒤 바지의 옆, 가랑이 둘레, 밑아래길이, 바지자락의 시접분에 M.
※ M은 '오버로크를 친다'는 뜻.

● **만드는 순서**
1 앞뒤 허리 다트를 박는다(72쪽 참고).
2 앞뒤 가랑이 둘레를 각각 박는다(앞은 트임이 끝나는 부분까지).
3 앞트임에 안단과 밑덧단을 달고 파스너를 단다(78쪽, 82쪽 참고).
4 옆을 박는다.
5 밑아래길이를 박는다.
6 허리 안단의 뒤 중심과 옆을 박고 허리에 단다(82쪽 참고).
7 겉으로 뒤집고 안단을 안으로 집어넣어서 정리한다.
8 바지자락을 접어 올리고 박는다.
9 바지자락을 접는다.
10 갈고리 단추를 단다.

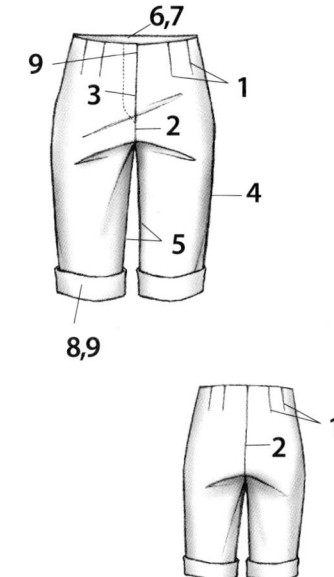

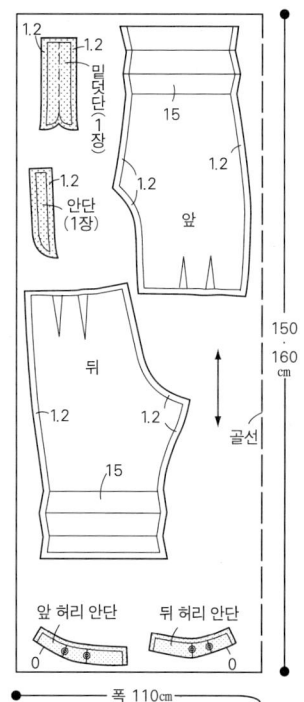

**4,5** 옆선과 밑아래길이 재봉법

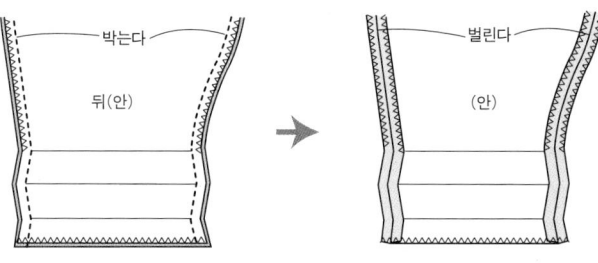

**8,9** 바지자락 재봉법

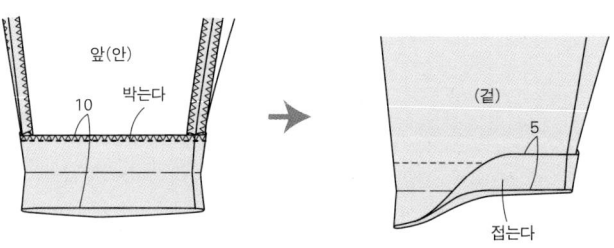

# TIGHT STRAIGHT PANTS

**Style11** 타이트 스트레이트 팬츠

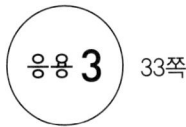
33쪽

●필요한 패턴(뒷면)

뒤, 앞, 뒤 허리 안단, 앞 허리 안단, 밑덧단, 안단, 바지자락 커프스

●재료

겉감 = 폭 110cm
(S, M) 1m 50cm
(ML, L) 1m 70cm
접착심 = 90cm 폭 50cm
에프런(EFLON) 파스너 17cm 1개
직경 1.5cm 단추 6개
갈고리 단추 1쌍

●준비

앞뒤 허리 안단, 밑덧단, 안단에 접착심을 붙인다.
안단의 시접분, 앞뒤 허리 안단의 안, 앞뒤 바지의 옆, 가랑이 둘레, 밑아래길이 시접분에 M.
※ M은 '오버로크를 친다'는 뜻.

●만드는 순서

1. 앞뒤 허리 다트를 박는다(72쪽 참고).
2. 앞뒤 가랑이 둘레를 각각 박는다(앞은 트임이 끝나는 부분까지).
3. 앞트임에 안단과 밑덧단을 달고 파스너를 단다(78쪽, 82쪽 참고).
4. 옆을 트임이 끝나는 부분까지 박는다.
5. 밑아래길이를 박는다.
6. 허리 안단의 뒤 중심과 옆을 박고 허리에 단다(82쪽 참고).
7. 겉으로 뒤집고 안단을 안으로 집어넣어서 정리한다.
8. 바지자락 커프스를 만들어 단다.
9. 바지자락 커프스에 단춧구멍을 만들고 단추를 단다.
10. 갈고리 단추를 단다.

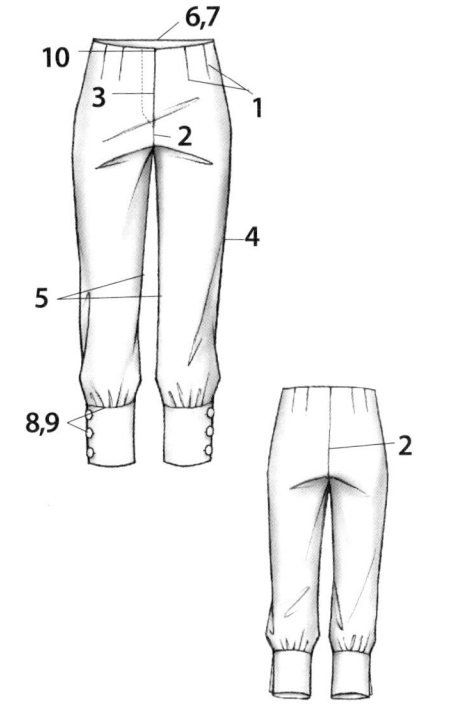

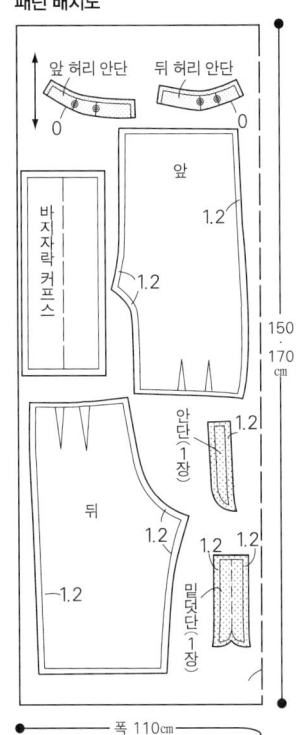

패턴 배치도

**8,9** 바지자락 커프스 다는 방법

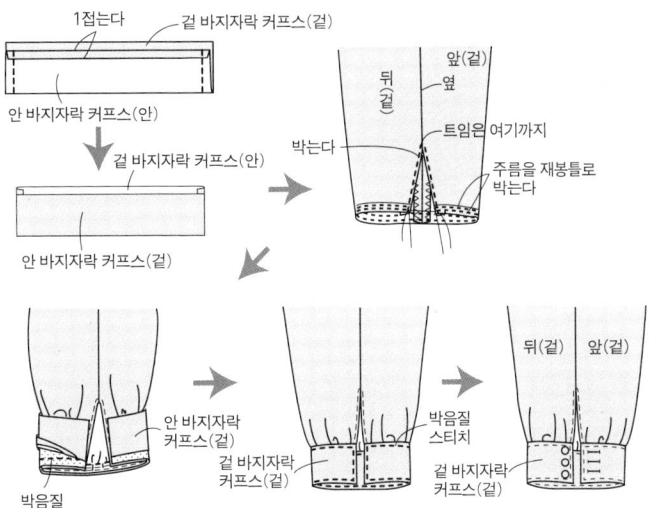

# SLIM PANTS
**Style12** 슬림 팬츠

  36쪽

● **필요한 패턴(뒷면)**
뒤, 앞, 뒤 벨트, 앞 벨트, 밑덧단, 안단

● **재료**
겉감 = 폭 110cm
(S, M) 2m 30cm
(ML, L) 2m 50cm
접착심 = 90cm 폭 40cm
에프런(EFLON) 파스너 15cm 1개
갈고리 단추 1쌍

● **준비**
앞뒤 벨트, 밑덧단, 안단에 접착심을 붙인다.
안단의 시접분, 앞뒤 안 벨트의 안 시접분, 앞뒤 바지의 가랑이 둘레, 바지자락 시접분에 M.
※ M은 '오버로크를 친다'는 뜻.

● **만드는 순서**
1 앞뒤 허리 다트를 박는다(72쪽 참고).
2 앞뒤 가랑이 둘레를 각각 박는다(앞은 트임이 끝나는 부분까지).
3 앞트임에 안단과 밑덧단을 달고 파스너를 단다 (82쪽 참고).
4 옆을 박는다(시접분은 2장 모두 M).
5 밑아래길이를 박는다(시접분은 2장 모두 M).
6 벨트를 만들고 단다.
7 바지자락을 접어 올리고 안에서 감친다.
8 갈고리 단추를 단다.

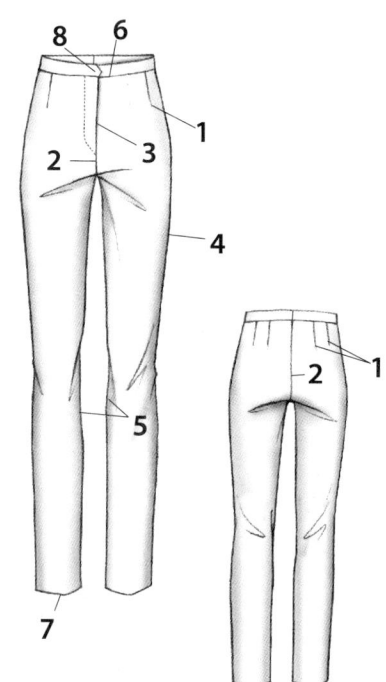

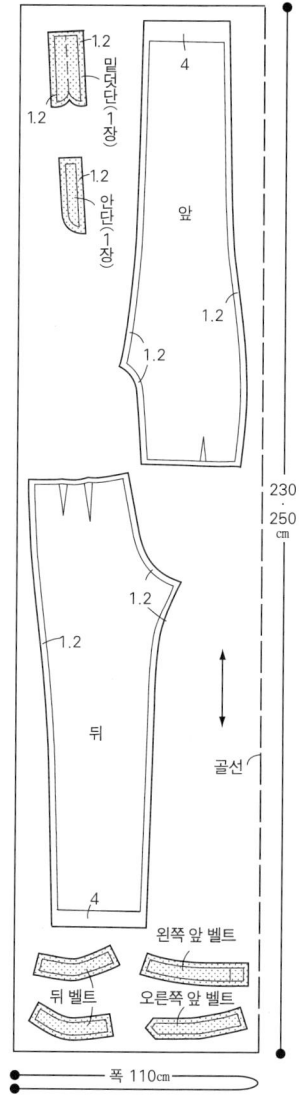

**6 벨트를 다는 방법**

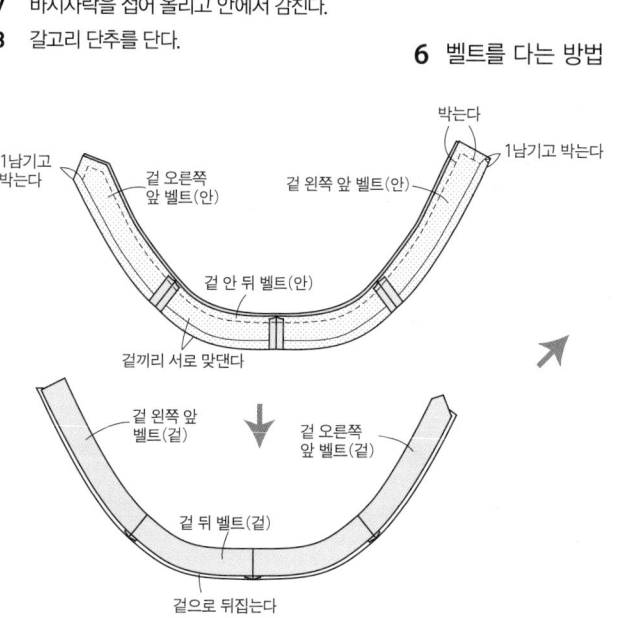

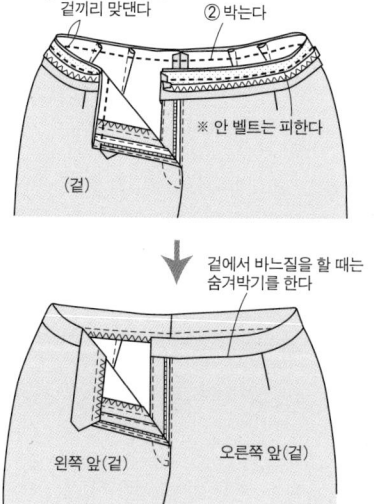

# SLIM PANTS

**Style12** 슬림 팬츠

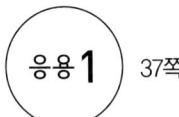
응용 1  37쪽

● **필요한 패턴(뒷면)**
뒤, 앞, 뒤 벨트, 앞 벨트, 밑덧단, 안단

● **재료**
겉감 = 폭 110cm
(S, M) 2m 40cm
(ML, L) 2m 60cm
접착심 = 90cm 폭 40cm
에프런(EFLON) 파스너 15cm 1개
갈고리 단추 1쌍

● **준비**
앞뒤 벨트, 밑덧단, 안단에 접착심을 붙인다.
안단의 시접분, 앞뒤 안 벨트의 안 시접분, 앞뒤 바지의 가랑이 둘레, 바지자락 시접분에 M.
※ M은 '오버로크를 친다'는 뜻.

● **만드는 순서**
1 앞뒤 허리 다트를 박는다(72쪽 참고).
2 앞뒤 가랑이 둘레를 각각 박는다(앞은 트임이 끝나는 부분까지).
3 앞트임에 안단과 밑덧단을 달고 파스너를 단다(82쪽 참고).
4 앞의 셔링 위치에 주름을 재봉틀로 박은 다음 주름을 잡는다.
5 옆을 박는다(시접분은 2장 모두 M).
6 밑아래길이를 박는다(시접분은 2장 모두 M).
7 벨트를 만들고 단다(86쪽 참고).
8 바지자락을 접어 올리고 안에서 감친다.
9 갈고리 단추를 단다.

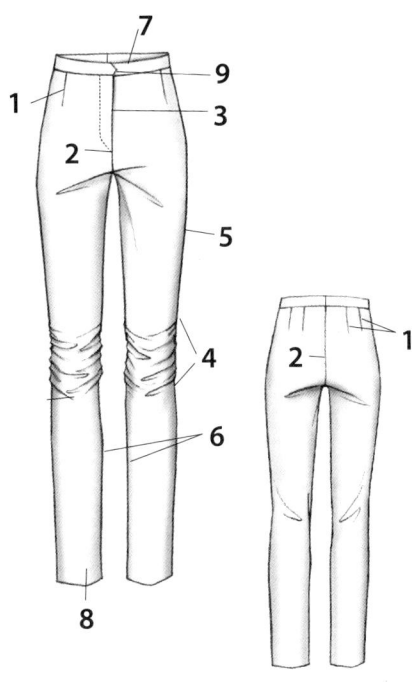

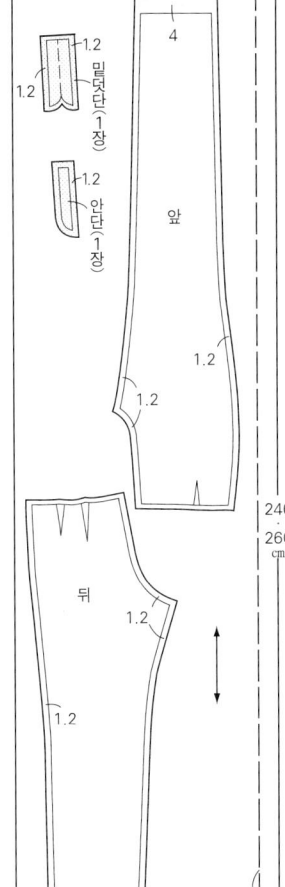

### 4~6 셔링 잡는 방법

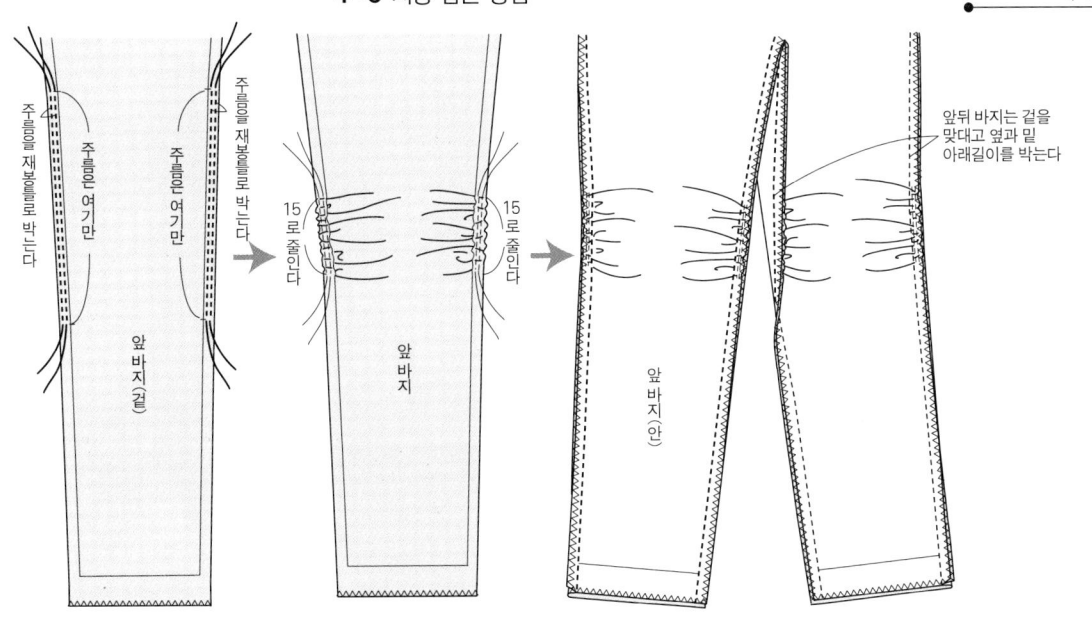

# SLIM PANTS
**Style12** 슬림 팬츠

  38쪽

● **필요한 패턴(뒷면)**
뒤, 앞, 뒤 벨트, 앞 벨트, 밑덧단, 안단

● **재료**
겉감 = 폭 110cm
(S, M) 2m 50cm
(ML, L) 2m 60cm
접착심 = 90cm 폭 40cm
에프런(EFLON) 파스너 15cm 1개
갈고리 단추 1쌍

● **준비**
앞뒤 벨트, 밑덧단, 안단에 접착심을 붙인다.
안단의 시접분, 앞뒤 안 벨트의 안 시접분, 앞뒤 바지의 가랑이 둘레 시접분에 M.
※ M은 '오버로크를 친다'는 뜻.

● **만드는 순서**
1 앞뒤 허리 다트를 박는다(72쪽 참고).
2 앞뒤 가랑이 둘레를 각각 박는다(앞은 트임이 끝나는 부분까지).
3 앞트임에 안단과 밑덧단을 달고 파스너를 단다(82쪽 참고).
4 앞뒤 바지자락의 셔링 위치에 주름을 재봉틀로 박은 다음 주름을 잡는다.
5 옆을 박는다(시접분은 2장 모두 M).
6 밑아래길이를 박는다(시접분은 2장 모두 M).
7 벨트를 만들고 단다(86쪽 참고).
8 바지자락을 두 번 접어서 박는다.
9 갈고리 단추를 단다.

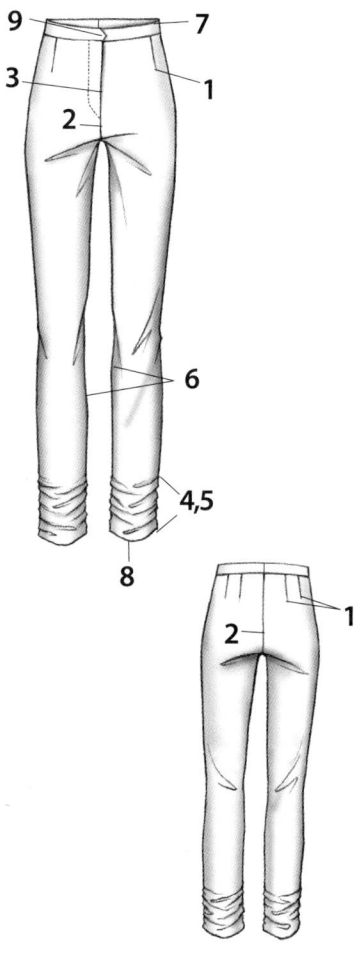

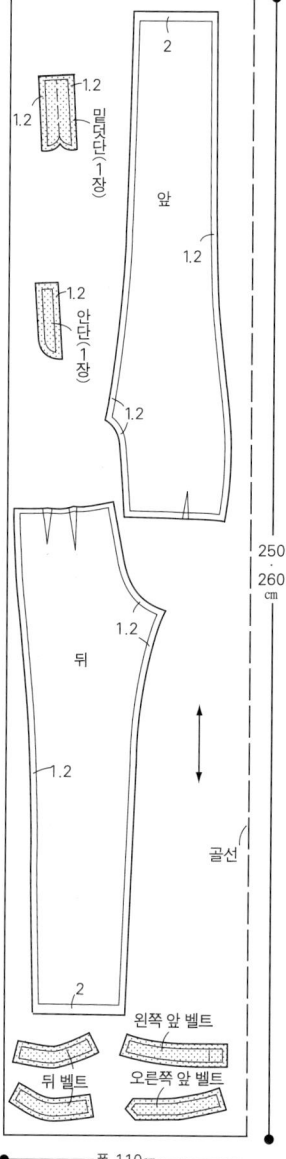

**4~8 바지자락 셔링 재봉법**

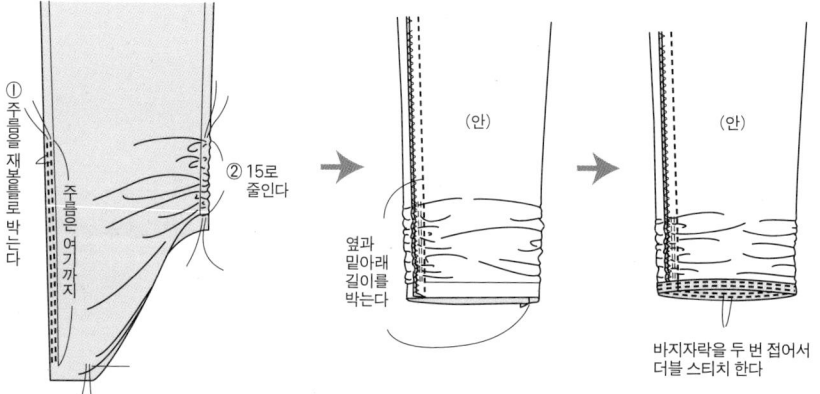

# SLIM PANTS

**Style12** 슬림 팬츠

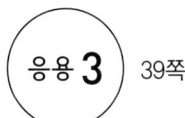  39쪽

● **필요한 패턴(뒷면)**

뒤, 뒤 바대, 앞, 앞자락, 무릎 절개천, 뒤 벨트, 앞 벨트, 밑덧단, 안단

● **재료**

겉감 = 폭 110cm
(S, M) 2m 40cm
(ML, L) 2m 60cm
접착심 = 90cm 폭 40cm
에프런(EFLON) 파스너 15cm 1개
갈고리 단추 1쌍

● **준비**

앞뒤 벨트, 밑덧단, 안단에 접착심을 붙인다.
안단의 시접분, 앞뒤 안 벨트의 안 시접분, 앞뒤 바지의 가랑이 둘레, 바지자락 시접분에 M.
※ M은 '오버로크를 친다'는 뜻.

● **만드는 순서**

1. 앞 허리 다트를 박는다(72쪽 참고).
2. 뒤 바대를 댄다(시접분은 2장 모두 M).
3. 앞뒤 가랑이 둘레를 각각 박는다(앞은 트임이 끝나는 부분까지).
4. 앞트임에 안단과 밑덧단을 달고 파스너를 단다 (82쪽 참고).
5. 무릎 절개천의 턱을 접는다.
6. 무릎 절개천을 앞과 앞 옷자락에 댄다(시접분은 2장 모두 M).
7. 옆을 박는다(시접분은 2장 모두 M).
8. 밑아래길이를 박는다(시접분은 2장 모두 M).
9. 벨트를 만들고 단다(86쪽 참고).
10. 바지자락을 접어 올리고 안을 감친다.
11. 갈고리 단추를 단다.

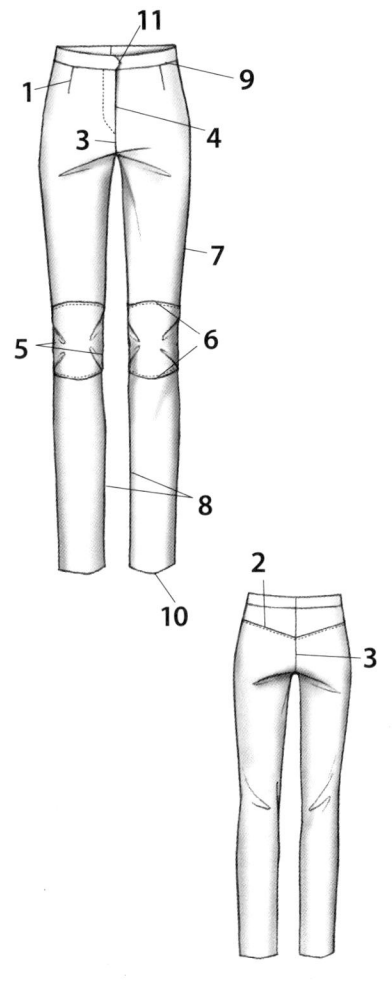

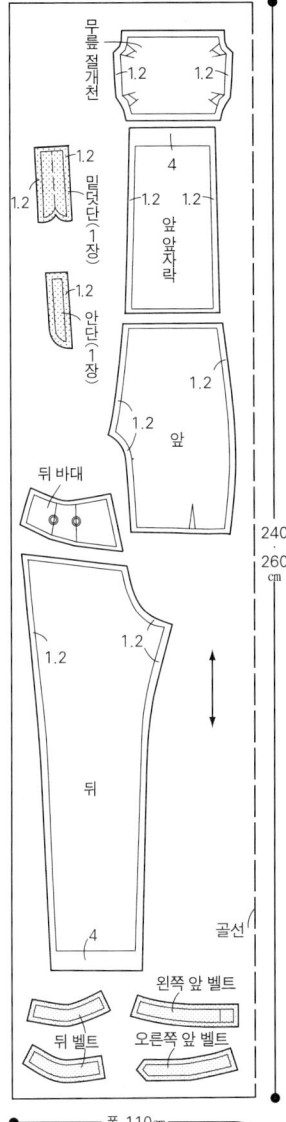

**5~7 무릎 절개천 대는 방법**

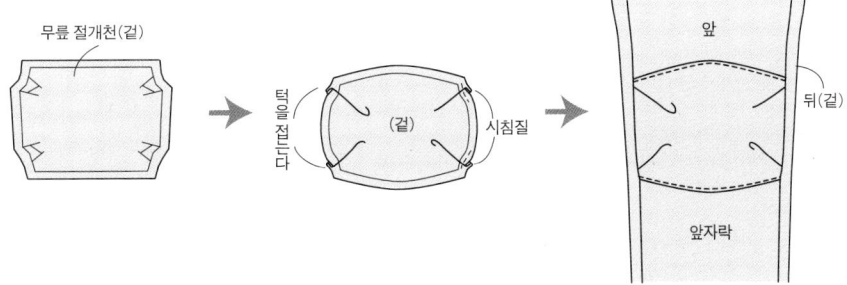

PATTERN NO VARIATION WO TANOSHIMU BLOUSE, SKIRT & PANTS STYLE BOOK
by Keiko Nonaka and Yoko Sugiyama
Copyright © Keiko Nonaka, Yoko Sugiyama 2009
All rights reserved.
Original Japanese edition published by EDUCATIONAL FOUNDATION BUNKA GAKUEN BUNKA PUBLISHING BUREAU.

This Korean language edition is published by arrangement with EDUCATIONAL FOUNDATION BUNKA GAKUEN BUNKA PUBLISHING BUREAU, Tokyo in care of Tuttle-Mori Agency, Inc., Tokyo through Botong Agency, Seoul

이 책의 한국어판 저작권은 보통에이전시를 통한 저작권자와의 독점 계약으로 도서출판 한스미디어에 있습니다.
신 저작권법에 의해 한국 내에서 보호를 받는 저작물이므로 무단 전재와 무단 복제를 금합니다.

Book design: Tomoko Okayama
Fabric shooting: Josui Yasuda(BUNKA PUBLISHING BUREAU)
Digital tracing: Tomoko Fukushima
Pattern grading: Kazuhiro Ueno
Proofreading: Masako Mukai
Recipe explanations: Kumiko Kurokawa
Cooperation: BUNKA GAKUEN Fashion Resource Center
Editorial cooperation: Maika Yamazaki
Editor: Nobuko Hirayama(BUNKA PUBLISHING BUREAU)

## 블라우스, 스커트 & 팬츠 스타일 북

1판 1쇄 발행 | 2012년 10월 29일
1판 5쇄 발행 | 2020년  7월 10일

**실용본부장** 박재성
**편집 실용2팀** 이나리, 손혜인
**영업** 김선주
**커뮤니케이션 플래너** 서지운
**지원** 고광현, 김형식, 임민진

**디자인** 제이알컴
**인쇄·제본** 민언프린텍

**펴낸곳** 한스미디어(한즈미디어(주))
**주소** 121-839 서울시 마포구 양화로 11길 13(서교동, 강원빌딩 5층)
**전화** 02-707-0337 | **팩스** 02-707-0198 | **홈페이지** www.hansmedia.com
**출판신고번호** 제 313-2003-227호 | **신고일자** 2003년 6월 25일

ISBN 978-89-5975-485-4  14590
        978-89-5975-488-5 (세트)

책값은 뒤표지에 있습니다.
잘못 만들어진 책은 구입하신 서점에서 교환해 드립니다.

기초 과정 최고의 교과서

한스미디어와 함께하는
# 수예 & 핸드메이드 라이프

## 코바늘 손뜨개

**쉽게 배우는
새로운 코바늘
손뜨개의 기초**
일본보그사 저 | 김현영 역
16,000원

**쉽게 배우는
새로운 코바늘
손뜨개의 기초: 실전편**
일본보그사 저 | 이은정 역
15,000원

**실을 끊지 않는
코바늘 연속 모티브
패턴집**
일본 보그사 저 | 강수현 역
16,500원

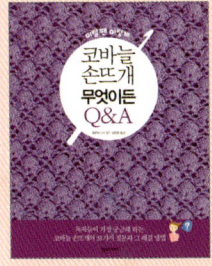

**이럴 땐 이렇게
코바늘 손뜨개
무엇이든 Q&A**
일본보그사 저 | 김현영 역
9,800원

## 대바늘 손뜨개

**쉽게 배우는
모티브 뜨기의 기초**
일본보그사 저 | 강수현 역
13,800원

**쉽게 배우는
코바늘 손뜨개 무늬 123**
일본보그사 저 | 배혜영 역
15,000원

**쉽게 배우는
새로운 대바늘
손뜨개의 기초**
일본보그사 저 | 김현영 역
16,000원

**쿠튀르 니트
대바늘 손뜨개
패턴집 260**
시다 히토미 저 | 남궁가윤 역
18,000원

**올터니트 스티치 사전 200**
안드레아 랑겔 저 | 서효령 역
18,000원

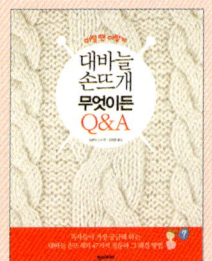
**이럴 땐 이렇게 대바늘 손뜨개 무엇이든 Q&A**
일본보그사 저 | 김현영 역
9,800원

**M.L.XL 사이즈로 뜨는 남자 니트**
리틀 버드 저 | 배혜영 역
13,000원

**쉽게 배우는 대바늘 손뜨개 무늬 125**
일본보그사 저 | 배혜영 역
15,000원

## 자수

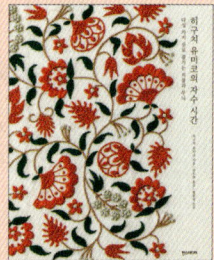
**히구치 유미코의 자수시간**
히구치 유미코 저 | 강수현 역
헬렌정 감수 | 16,500원

**처음 배우는 우리 꽃 자수**
정지원 저 | 16,800원

**나의 꽃 자수 시간**
정지원 저 | 19,800원

**춘천, 사계절 꽃자수**
김예진 저 | 16,000원

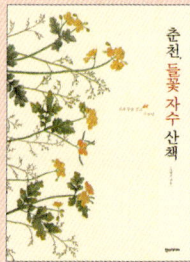
**춘천, 들꽃 자수 산책**
김예진 저 | 18,000원

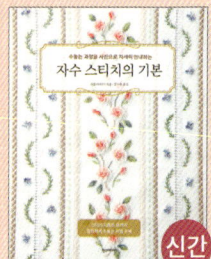
**자수 스티치의 기본**
아틀리에 Fil 저 | 강수현 역
15,000원

**쉽게 배우는 자수의 기초**
일본보그사 저 | 김수연 역
15,000원

**쉽게 배우는 크로스스티치 기초와 도안 500**
일본보그사 저 | 배혜영 역
14,000원

**이럴 땐 이렇게 자수 무엇이든 Q&A**
일본보그사 저 | 강수현 역
9,800원